politisch bilden
Hustedter Beiträge zur politischen Bildung

Peter Straßer, Isabell Petter

Wirkungen politischer Erwachsenenbildung verstehen

Eine Machbarkeitsstudie

Bildungszentrum HVHS Hustedt

Herstellung und Verlag: BoD – Books on Demand, Norderstedt
Umschlaggestaltung: Karsten Meier, Braunschweig
Satz und Layout: visualisierung & konzepte, Braunschweig

Bibliografische Information der Deutschen Nationalbibliothek
Die Deutsche Nationalbibliothek verzeichnet diese Publikation
in der Deutschen Nationalbibliografie; detaillierte bibliografische
Daten sind im Internet über *www.dnb.de* abrufbar.

Printedt in Germany
ISBN 978-3-7347-5280-3

Inhalt

Abbildungsverzeichnis

Tabellenverzeichnis

Vorwort

Demokratie braucht politische Bildung. Wer das banal findet, muss sich nicht wundern, wenn politische Apathie um sich greift und rechtspopulistische, menschenverachtende Bewegungen gestärkt werden. Es geht um demokratische Werthaltungen, soziale Demokratie und kritische politische Bildung. Und um nichts Geringeres als die Handlungsfähigkeit der Bürgerinnen und Bürger in der Demokratie.

Hier ist die Initiative der Politik gefragt. Aber auch kritische Wissenschaft und die der Träger und Einrichtungen der Erwachsenenbildung. Immerhin sind sie es, die plural und öffentlich verantwortet das Grundangebot an Erwachsenenbildung für alle Bürgerinnen und Bürger sichern.

Erforderlich ist – wie z. B. in Niedersachsen nach der Abschaffung der Landeszentrale für Politische Bildung sowie weiterer Restriktionen auf Bundes- und Landesebene – eine grundlegend verbesserte öffentliche Förderung der politischen Erwachsenenbildung. Nur so sind die Einrichtungen in der Lage, eine adressatenorientierte, wirksame politische Bildung weiterzuentwickeln und zu verstetigen. Ohne zusätzliches „neues" Geld wird dies kaum möglich sein.

Die Erwachsenenbildung selbst muss freilich das gelegentliche Vorurteil entkräften, politische Bildung würde sich nicht „rechnen", politische Bildung sei heute beliebig, aufs Ganze gesehen marginal und in ihrer Wirkung ungewiss. Und wir benötigen wissenschaftliche Untersuchungen, denn empirische Forschung über gelingende Bildungsprozesse und korrespondierende Lernkulturen der politischen Erwachsenenbildung gibt es nur in Ansätzen. Gleichwohl ist das Wissen um die Wirkung politischer Bildung für die Weiterentwicklung – nicht nur in Hustedt – von zentraler Bedeutung.

Hier knüpft die vorliegende Machbarkeitsstudie an, die 2014 vom Bildungszentrum HVHS Hustedt e. V. in Zusammenarbeit mit dem Institut für Berufspädagogik und Erwachsenenbildung der Leibniz Universität Hannover erarbeitet wurde.

Es geht um die Entwicklung und Erprobung eines Erhebungs- und Auswertungsverfahrens am Beispiel des Akademiekurses zur politischen

Grundbildung der HVHS Hustedt – auf dem Weg zu einer späteren repräsentativen Wirkungsanalyse politischer Bildung.

Die sechswöchigen Akademiekurse sind ein Alleinstellungsmerkmal des Bildungszentrums HVHS Hustedt, das in der Tradition der Arbeiterbewegung und der Aufklärung mit über 5000 Teilnehmerinnen und Teilnehmern pro Jahr zu den großen Zentren für politische Bildung zählt. Im Mittelpunkt steht hier die arbeitnehmerorientierte politische Bildung zur Wahrnehmung von Aufgaben in der betrieblichen Interessenvertretung, zum zivilgesellschaftlichen Engagement vor Ort, zur politischen Verantwortung und zum politischen Handeln in Wirtschaft, Gesellschaft und Politik.

Seit den frühen 50er Jahren haben bald drei Generationen aktiver Gewerkschafterinnen und Gewerkschafter sowie ein großer Kreis Interessierter in Hustedt einen besonders prägenden Ort gefunden, um sich immer wieder neu zu inspirieren, zu orientieren und zu qualifizieren. Dabei sind es nicht unbedingt die in der Medienöffentlichkeit wahrgenommenen Politikerinnen und Politiker, sondern nicht selten jene betrieblich und örtlich Verantwortlichen und Kümmerer, ohne die zivilgesellschaftliches Teilhaben, betriebliche Mitbestimmung und Demokratie nicht funktionieren kann.

Vor diesem Hintergrund wurden in einem anspruchsvollen Ansatz verschränkter Perspektiven und Methoden (neue) Erhebungsinstrumente praktisch erprobt – das mit der vorliegenden Machbarkeitsstudie entwickelte und erprobte Erhebungs- und Auswertungsverfahren, so zeigt sich, scheint geeignet zu sein, den Zusammenhang von Lernkultur und den persönlichen Wirkungszuschreibungen der Teilnehmenden zu ermitteln.

Die Datenerhebung setzte sich aus drei Teilbereichen zusammen: narrativ-fokussierte Interviews mit Teilnehmenden, Experteninterviews mit Lehrenden und eine teilnehmende Beobachtung. In Form eines Längsschnitts wurden jeweils mehrere Teilnehmende der Jahre 1998, 2003, 2008 und aktuell Teilnehmende im Jahr 2014 befragt. Durch eine Zufallsauswahl wurden damit 14 TeilnehmerInnen interviewt. Eine gleichmäßige Verteilung von Männern und Frauen wurde angestrebt. Die Teilnehmenden waren zwischen 39 und 56 Jahre alt.

Beeindruckend sind die differenzierten Hinweise, Erinnerungen und Deutungen der ehemaligen Teilnehmenden, selbst viele Jahre nach ihrer Kursteilnahme, die in der vorliegenden Machbarkeitsstudie exemplarisch herausgearbeitet werden.

Für ein Bildungszentrum ist solch ein forschendes Lernen und die wissenschaftliche Reflexion der eigenen Bildungspraxis nicht selbstverständlich. Die personelle und materielle Ausstattung öffentlich verantworteter Erwachsenenbildung gibt in der Regel nicht die Möglichkeit zur wissenschaftlichen Reflexion und Überprüfung der eigenen Bildungsarbeit. Die üblichen Qualitätssicherungssysteme eröffnen zudem kaum den Blick auf die normativen Voraussetzungen politscher Bildung und definieren lediglich „Dienstleistungsbeziehungen" zwischen „Kunden" und möglichst effizienten „Bildungsdienstleistern". Dem gegenüber besteht in Hustedt eine selbstreflexive Betriebskultur, die sich zum Beispiel in Veröffentlichungen und Diskussionsbeiträgen niederschlägt[1]. Es geht uns, in Kooperation mit unseren gewerkschaftlichen und universitären Bildungspartnern, um die Förderung einer kritischen Theorie-Praxis-Entwicklung und damit Weiterentwicklung der politischen Bildung.

Dies darf nicht verwechselt werden mit der Bereitstellung „instrumentellen Wissens". Wir sehen mit Gert Biester eine „evidenzbasierte pädagogische Praxis", also jenes Output-orientierte Messen pädagogischen Handelns, als kritisch und abwegig an[2], weil solch eine „Optimierungsstrategie" die gesellschaftliche Situation und die Angemessenheit von Zielen und Inhalten der Erwachsenenbildung und damit ihre normative Orientierung ignoriert.

Lebenslanges Lernen nicht nur aus einer verwertungsorientierten Sichtweise heraus zu verstehen, hat das Institut für Berufspädagogik und Er-

---

1 Vgl. Bildungszentrum HVHS Hustedt (Hrsg.): Kompetenz und Orientierung – 60 Jahre Bildungszentrum HVHS Hustedt, Hustedt/ Celle, (2008). Peter Straßer (2011): Betriebliche Fallarbeit, in: Report – Zeitschrift für Weiterbildungsforschung, H. 4, 2011, Seite 58-68. Bildungszentrum HVHS Hustedt (Hrsg.): 50 Jahre Soziologische Phantasie und Exemplarisches Lernen – Hustedt Beiträge zur politischen Bildung. Bd.1, 2014. Dietrich Burggraf (2014): Für Demokratie und gesellschaftliche Teilhabe, ein Kommentar. In: Agentur für EB/WB (Hrsg.): Themenheft Einblick/Politische Bildung 3/2014, Seite 11/12.

2 Vgl. Gert Bista (2011): Warum „What works" nicht funktioniert: Evidenzbasierte pädagogische Praxis und das Demokratiedefizit der Bildungsforschung. In: Johannes Bellmann/Thomas Müller (Hrsg.): Wissen, was wirkt, Kritik evidenzbasierter Pädagogik. VS-Verlag, Seite 95-121.

wachsenenbildung in die Erstellung der Studie gezielt eingebracht. In dieser universitären Selbstverortung ist lebenslanges Lernen ein durchgängig lebensbegleitender Prozess der Transformation: Nicht allein die Aneignung von Wissen, Qualifikation, Erfahrungen etc., sondern vielmehr die damit verbundene biografische Wirkung im Sinne eines Bildungsprozesses sind in der Forschung zu berücksichtigen.

In dieser Perspektive hat die vorliegende Studie Bedeutung, indem ein Analyseinstrument entwickelt worden ist, das sowohl Einblicke in die Wirkungen politischer Bildungsangebote und deren Einfluss auf die biographische Entwicklung als auch auf das politische Handeln ermöglicht und durch „rekonstruktive Analyse" ein Verstehen der Wirkung, eine Einsicht in die individuellen Anschlüsse und Verwertungsinteressen eröffnet.

Für die praktische Bildungsarbeit und die Weiterentwicklung der politischen Bildung verspricht die Studie Grundlagen zu liefern:

Die Ergebnisse der Machbarkeitsstudie ermöglichen – in den notwendigerweise begrenzten Dimensionen einer Vorstudie – Einblicke in die Wechselwirkungen zwischen Lernprozessen und politischem Handeln. Insbesondere weisen die Aussagen der TeilnehmerInnen und Lehrenden auf die besondere Bedeutung der zeitlichen Dimension politischer Bildung hin. Wirkung entfaltet politische Bildung, so zeigt sich, vor allem durch die Zeit zum Nachdenken, das Kennenlernen anderer Sichtweisen, das Bilden von Netzwerken und die Auszeit vom Alltag. Die Machbarkeitsstudie arbeitet für eine spätere repräsentative Untersuchung aber auch heraus, dass eine normative Verortung, eine Klärung der Interessen und Ziele politischer Bildung für eine kritische Bildungsarbeit zwingend erforderlich ist.

In der gewerkschaftlichen Bildungspraxis ist diese normative Interessenorientierung selbstverständlich. In der Theorie-Praxis-Entwicklung politischer Bildung insgesamt ist dies bisher jedoch eher neoliberal unter Ideologie-Verdacht gestellt und ausgegrenzt worden[3]. Hier eröffnet sich eine neue Dimension und Aufgabe inhaltlich ausgewiesener, emanzipativer politischer Bildung, eine politische Bildung, die sich an die Interessen

---

3 Vgl. Ralph Ptak (2011): Bildung als Produktionsfaktor: Die schleichende Transformation des Bildungssystems. In: B. Lösch/A. Thimmel (Hrsg.): Kritische politische Bildung, Wochenschau Verlag, Bonn, Seite 101-127.

der Menschen und – wie in Hustedt – an die der abhängig Beschäftigten positiv bindet [4].

Wir legen damit Band 2 der Hustedter Beiträge zur Politischen Bildung vor. Die Untersuchung und Ergebnisreflexion erfolgt erneut weitgehend in wissenschaftlicher oder akademischer Sprache. Für ein arbeitnehmerorientiertes Bildungszentrum ist dies nicht unproblematisch. Die Sprache unserer Kollegen und Kolleginnen ist anders. Alltags- und Wissenschaftssprache haben je eigene Aufgaben. Trotz der Anlage der Untersuchung als wissenschaftlicher Beitrag wünschen wir uns, einen vielfältigen Leserkreis anzusprechen.

Die Untersuchung, diese Machbarkeitsstudie, wurde aus EFRE-Mitteln finanziert. Wir danken dem Niedersächsischen Ministerium für Wissenschaft und Kultur, dem Niedersächsischen Bund für freie Erwachsenenbildung mit seiner Agentur für Erwachsenen- und Weiterbildung und der N-Bank für die Unterstützung sowie Professorin Dr. Steffi Robak, Hannover, für die gute kollegiale Zusammenarbeit.

Ohne die Autoren Dr. Peter Straßer und Isabell Petter sowie die beteiligten Kolleginnen und Kollegen, die ehemaligen TeilnehmerInnen an den Akademiekursen zur politischen Grundbildung, wäre diese Veröffentlichung nicht möglich. Ihnen gilt ein besonderer Dank.

Celle/Hustedt im März 2015

Dietrich Burggraf

---

4   Vgl. Fritz Reheis (2014): Politische Bildung, eine kritische Einführung, Wiesbaden: Springer-Verlag. Harald Kolbe/Hartmut Meine (2008): Gewerkschaftliche Bildungsarbeit – Politische Bildung – Neue Herausforderungen. In: Bildungszentrum HVHS Hustedt (Hrsg.): Kompetenz und Orientierung, Hustedt/ Celle, Seite 24-38. Carsten Maaß/Hartmut Meine (2014): Mitgliederentwicklung und gewerkschaftliche Bildungsarbeit. Ein Praxisbericht aus dem IGM Bezirk Niedersachsen und Sachsen-Anhalt. In: Sozialismus 10/2014, Seite 35-38

1. Einleitung

In der Weiterbildung hat die Förderung durch private Mittel in den letzten Jahren stark zugenommen. Damit einher geht eine Stagnierung bzw. Kürzung öffentlicher Mittel (vgl. Zeuner 2010, S. 309). Davon ist auch die politische Bildung betroffen, die bisher nur einen geringen Teil der privaten Mittel für sich beanspruchen kann. Dadurch entsteht teilweise für die politische Bildung der Eindruck, sich auch marktförmig und erfolgsorientiert verhalten zu müssen (vgl. ebd., S. 309). Durch Erfolgskontrollen und Qualitätssicherung wird die eigene Arbeit gegenüber Geldgebern, Nachfragenden und der Öffentlichkeit legitimiert. Zusammen mit der Einführung von Qualitätsmanagementsystemen gibt es immer mehr Instrumente, die versuchen, den „Erfolg" von Bildungsveranstaltungen zu evaluieren. Für einige Veranstaltungen können solche Instrumente leicht entworfen werden, wenn sie darauf abzielen, Angebotsstrukturen, Teilnehmerzahlen, Zufriedenheit oder abfragbare Wissenszuwächse zu erfassen.

Grundsätzlich kann eine Evaluation helfen, die Stärken eines Programms oder das besondere Profil einer Bildungseinrichtung herauszustellen und für die Öffentlichkeit und Teilnehmende[5] sichtbar zu machen (vgl. Wessler 2011, S. 1032). Kombiniert mit einer subjektorientierten Wirkungsbetrachtung kann eine Evaluation auch den Wert des Bildungsangebots für den Einzelnen verdeutlichen.

In der politischen Erwachsenenbildung erweist sich eine Evaluation, die lediglich nach individuellem Wissen und seiner Verwendung in Verwertungszusammenhängen fragt, jedoch als schwierig. Verstanden als Befähigung, individuelle Bedürfnisse mit gemeinschaftlichen Interessen zu verbinden, bedarf es komplexer Erhebungsmethoden. Zumal politische Bildungsprozesse eine „weiche Wirkung" im Sinne eines Veränderungsprozesses entfalten, die durch eine Vielzahl an Faktoren beeinflusst wird. Hinzu kommt, dass sich Wirkungen auch erst langfristig entfalten können (vgl. Hirseland/Wenzel 2004, S. 366 f).

---

5 Im Sinne einer Gleichbehandlung wird nachfolgend im Text von „Teilnehmenden" oder „TeilnehmerInnen" gesprochen.

Noch immer sind trotz des zunehmenden Interesses empirische Untersuchungen über die Wirkung politischer Erwachsenenbildung selten. Die Schwerpunkte stellen Ergebnisse zu Angebots-, Teilnehmer- und Anbieterstrukturen. Die hier vorliegende Machbarkeitsstudie knüpft an die Frage nach der gelungenen Umsetzung von Wirkungsforschung in der politischen Erwachsenenbildung an.

2. Ziel der vorliegenden Machbarkeitsstudie

Mit der vorliegenden Machbarkeitsstudie soll ein Erhebungs- und Auswertungsverfahren entwickelt und erprobt werden, das es ermöglicht, sowohl einen Überblick über individuelle Wirkungszuschreibungen zu erhalten als auch Einblicke in biographische Hintergründe zu geben und somit Wirkungszuschreibungen transparent zu machen. Die Entwicklung des Erhebungs- und Auswertungsverfahren war geleitet von der Forschungsfrage, den Zusammenhang von Lehr-Lernkultur (Ort, Zeit, Methoden, Inhalte etc.) und individuellen Wirkungszuschreibungen im Kontext der eigenen Biografie der Teilnehmenden zu verdeutlichen.

Durch eine Kombination aus narrativen und fokussierten Interviewformen sollen reichhaltige Informationen gewonnen werden, die inhaltsanalytisch und rekonstruktiv ausgewertet werden können. Ergänzt werden die Interviews mit den Teilnehmenden durch eine Befragung von Lehrenden und eine Beobachtung an zwei Seminartagen. Die Kombination unterschiedlicher Erhebungs- und Auswertungsverfahren sowie der Einbezug unterschiedlicher Informationsquellen soll helfen, zugeschriebene Wirkungen und ihre Entfaltung als vielschichtigen Prozess einsichtig werden zu lassen. Die gewonnenen Erkenntnisse könnten helfen, zukünftig individuelle Lernvoraussetzungen und angebotene Lehr-Lernkulturen noch besser aufeinander abzustimmen.

Im Hintergrund der Entwicklung und Erprobung des Erhebungs- und Auswertungsverfahrens stand auch, ein Verfahren zu entwickeln, mit dem größere Datenmengen auch bei begrenzten zeitlichen und ökonomischen Ressourcen erhoben und ausgewertet werden können.

Die Entwicklung und Erprobung des Erhebungs- und Auswertungsverfahrens erfolgte anhand des Akademiekurses der Heimvolkshochschule Hustedt e.V.

3. Gegenstand der Untersuchung: Das Seminar „Akademiekurs" der Heimvolkshochschule Hustedt e.V.

Die Erprobung des Erhebungsinstruments soll anhand von Interviews mit ehemaligen Teilnehmenden des Akademiekurses der Heimvolkshochschule Hustedt e.V. erfolgen. Der Kurs bietet sich in besonderer Weise als Erprobungsfeld an, da er seit mehreren Jahren[6] in seiner thematischen und zeitlichen Struktur besteht. Dies ermöglicht es auch, Teilnehmende und ihre Erfahrungen mit dem Akademiekurs aus vergangenen Jahren miteinander zu vergleichen bzw. Wirkungszuschreibungen in einem zeitlichen Verlauf nachzuzeichnen.

Das Bildungszentrum Heimvolkshochschule Hustedt e. V. (HVHS) ist eine Einrichtung der Jugend- und Erwachsenenbildung, gegründet 1948. Das konzeptionelle Fundament ruht auf den Gedanken dänischer Volkshochschulen. Neben Angeboten der allgemeinen Erwachsenenbildung stellt politische Bildung mit Arbeitnehmenden eine zentrale Aufgabe dar. Entlang an Themen gesellschaftlicher und politischer Bildung soll sowohl verantwortungsbewusstes gesellschaftliches Handeln als auch eine Grundhaltung für lebensbegleitende und -gestaltende Lernprozesse gefördert werden.

Der Akademiekurs bietet Interessierten die Möglichkeit, sich über einen Zeitraum von sechs Wochen mit Grundlagen politischer Bildung zu beschäftigen. Mit seinem zeitlichen Format besteht der Akademiekurs auch gegen den Trend, Bildungsangebote lediglich in Tages- bzw. Mehrtagesform anzubieten. Ein Motiv für die Teilnahme am Akademiekurs ist das Interesse von Teilnehmenden, den betrieblichen Arbeitsalltag mehr mitzugestalten, sich nicht nur als „beschäftigt", sondern als aktiv mitgestaltend wahrzunehmen (z. B. Betriebsratsarbeit, gewerkschaftliche Bildungsarbeit[7]). Der Akademiekurs wird zweimal im Jahr angeboten. Die Teilnehmerzahl pro Kurs liegt zwischen 15 bis 20 Personen.

---

6 In der nachfolgend skizzierten Form seit 1998, in seiner Grundstruktur gar seit 1950

7 Die gewerkschaftliche Bildungsarbeit ist nach dem öffentlichen Bildungswesen der zweitgrößte Anbieter politischer Bildung (vgl. Allespacher/Meyer/Wentzel 2009, S. 204)

Der Akademiekurs politische Bildung des Bildungszentrums HVHS Hustedt versucht, politische Meinungsbildungsprozesse und Umsetzungsfähigkeiten politischer Mitwirkung im Rahmen kollektiver Lernerfahrung zu entwickeln. Dabei steht die Vermittlung und Anregung politischen Interesses sowie ein handlungsorientierendes Wissen auf Basis zentraler gesellschaftspolitischer Reflexionen, welches Gesellschaft und Politik aktiv gestaltbar macht, im Vordergrund der Bemühungen. In der Beschreibung des Akademiekurses finden sich die nachfolgenden Ziele; die Teilnehmenden sollen:

- *ermutigt* werden, ihr eigenes Erfahrungswissen als Grundlage kritischer Reflexion und Aneignung neuer Sichtweisen zu nutzen,

- *lernen*, politisches, wirtschaftliches, soziologisches und historisches Grundwissen kritisch zu verarbeiten,

- für sich einen eigenen gesellschaftspolitischen Standort entwickeln und zur politischen Urteilsbildung *befähigt werden*,

- *motiviert* werden, die Interessenvertretungsarbeit zu gestalten, in der betriebliche, überbetriebliche und gesellschaftspolitische Aspekte Eingang finden,

- das eigene politische Handeln sowohl in gewerkschaftliche als auch in gesamtgesellschaftliche Zusammenhänge *einordnen können*.

Aufbau des Akademiekurses

Um eine breite Wissensbasis zu ermöglichen und partizipative Handlungsmöglichkeiten aufzuzeigen, umspannt der Kurs einen breiten Themenkanon (vgl. Tabelle 1). Die Bezeichnung „Akademiekurs" verdeutlicht die Intention des Konzepts: sich in freier, diskursiver und gemeinschaftlicher Arbeitsweise an einem ruhigen, in die Natur eingebetteten Ort mit grundlegenden Fragen und Mechanismen gesellschaftlicher Figuration auseinanderzusetzen. Dabei dient das Themenangebot nicht der berufsbezogenen Weiterbildung, sondern der Qualifikation für gesellschaftliches und politisches Engagement in der lokalpolitischen und gewerkschaftlichen Interessenvertretung. Die angebotenen Themen im Überblick:

Themengebiete	Inhalte
Methodik	*Informationen erschließen und verarbeiten*: Erschließung von Quellen, Zitation, Recherchieren im Internet, Nutzung von Bibliotheken, Anfertigen schriftlicher Arbeiten, Vorträge, Präsentation
Soziologie	*Gesellschaft – Form und Veränderung*: Strukturen moderner Gesellschaften, Transformationsprozesse, Determinanten gesellschaftlicher Teilhabe, Verhältnis Individuum und Gesellschaft
Geschichte	*Entwicklungen verorten*: Produktivitätsentwicklung und Produktionsverhältnisse, Individuen und gesellschaftliche Kräfteverhältnisse als Entwicklungsfaktoren, Etappen europäischer Expansion, Analyse historischer Umbruchsituationen, soziale Auseinandersetzungen, Rolle der Arbeiterbewegung
Statistik und Schaubilder	*Bilder lesen können*: Kritischer Umgang mit Statistiken anhand praktischer Beispiele, Umgang mit Schaubildern und Grafiken etc.
Politische Ökonomie	*Determinanten von Produktion und Konsumtion*: Die klassische politische Ökonomie (Smith), Mehrwert- und Krisentheorie (Marx), Neoklassik, Monetarismus/Neoliberalismus, Keynesianismus, Volkswirtschaftliche Gesamtrechnung und staatliche Wirtschaftspolitik, Wirtschafts- und Finanzkrise, Ursachen und Lösungsmodelle
Politik	*Nationale Rahmungen*: Bedingungen der Ausübung von Macht und Herrschaft, Gerechtigkeit und Moral, Emanzipation und das Recht der gestaltenden Teilhabe
Internationale Beziehungen	*Strukturen kennen*: Globalisierung, Nationalstaaten, die EU, globale In-stitutionen, Europäische Betriebsräte, Perspektiven und Praxis interna-tionaler Gewerkschaftsarbeit und Kampagnen
Ökologie	*Natürliche Grundlagen*: Ökologische und kulturelle Dimensionen im Verhältnis Mensch – Natur, Klima, Energie, Biodiversität, die Bedeutung ökologischer Systeme, Nachhaltigkeit und Industriepolitik/Konversionsstrategien

Tabelle 1: Themenkanon des Akademiekurses

Auf den ersten Blick lässt der Kurs mit seinem ausgeschriebenen Themenkanon und seinen Inhalten einen hohen Grad an Abstraktion vermuten, der den z. T. eher bildungsfernen Teilnehmenden den Lernzugang eher erschweren sollte. Bei der Wissensvermittlung jedoch stehen neben gesellschaftspolitischen Kontexten vor allem biografische Bezüge im Mittelpunkt der Vermittlung. Den Teilnehmenden wird die Möglichkeit eines exemplarischen Lernens gegeben, welche den diskursiven Rahmen zwischen der individuellen Erfahrung auf einer gesellschaftlichen Mikroebene und der gesellschaftspolitischen Makroebene weit spannt. Lernprozesse sind bewusst gruppendynamisch strukturiert, wodurch aktiv erarbeitetes Orientierungswissen eine erste Erprobung im kollektiven Kontext erfährt.

Theoretisch rückgebunden ist der Akademiekurs an Überlegungen, wie sie unter anderem Oskar Negt in der Publikation „Soziologische Phantasie und exemplarisches Lernen" (Negt 1975) und zu neuen gesellschaftlichen Schlüsselqualifikationen (1989 bzw. 2010) formulierte. Im Mittelpunkt politischer Bildung steht demnach die Bemühung, ausgehend von den Erfahrungen des Einzelnen gesamtgesellschaftliche Zusammenhänge einsichtig werden zu lassen, Orientierungen zu ermöglichen und über die gegebenen Verhältnisse und Bedingungen hinaus auch Veränderungsmöglichkeiten denk- und realisierbar werden zu lassen. Nicht die alleinige Realisierung individueller Interessen steht dabei im Vordergrund, sondern vielmehr die Frage, wie individuelle mit gemeinschaftlichen, gesellschaftlichen Interessen verbunden werden können – Negt spricht in diesem Zusammenhang von der Ausbildung politischer Urteilskraft:

> „Aufklärung ist deshalb nichts anderes als Entwicklung von Urteilsfähigkeit, und Urteilsfähigkeit besteht immer darin, dass ich meine eigenen Bedürfnisse, Interessen, Phantasien verbinde mit der Vorstellung davon, wie es aussehen würde, wenn dieses höchst individuelle zu einem allgemeinen Gesetz wird" (Negt 2010, S. 32).

Politische Bildung wie sie im Akademiekurs realisiert wird, verfolgt dementsprechend das Ziel, individuelle Bildung mit einer Förderung eines solidarischen Gemeinwesens[8] zu verbinden.

---

8 Vgl. Reheis 2014, S. 14: „Politik ist also alles, was mit dem Politischen, also dem verbindlichen Allgemeinen bzw. dem allgemein Verbindlichen innerhalb eines Gemeinwesens zusammenhängt."

Eine Klärung, was allgemein unter politischer Erwachsenenbildung zu verstehen ist und welche Aufgaben ihr zukommen, ist nicht Gegenstand der vorliegenden Untersuchung. Für die vorliegende Untersuchung bedeutend ist vielmehr das Verständnis politischer Erwachsenenbildung, wie es das Bildungszentrum in seiner täglichen Arbeit mit den Teilnehmenden umsetzt. Im Leitbild des Bildungszentrums findet sich der Hinweis, dass die Arbeit der Aufklärung verpflichtet sei. Die Achtung der Menschenwürde, Offenheit, Dialog, soziale Gerechtigkeit, Chancengleichheit und Solidarität werden als Fundament der Arbeit genannt. Ziel sei es, die politische Urteils- und Handlungsfähigkeit der Menschen in Betrieb und Gesellschaft zu verbessern. Bezogen auf das Lernen im Bildungszentrum bedeutet dies, dass Lernprozesse aktiv von den Teilnehmenden mitgestaltet werden können und trotz Anstrengungen Freude am Lernen ermöglicht wird und die Beteiligten für weitere lebensbegleitende Bildung motiviert sind. Gelungenes Lernen bedeutet für die Bildungsarbeit der Heimvolkshochschule vor allem „... *gesellschaftliche Zusammenhänge zu entdecken, fachliche und soziale Kompetenzen zu entwickeln, einen eigenen Standpunkt zu erarbeiten und zu vertreten lernen, um in Betrieb, Wirtschaft, Staat und Gesellschaft dialog-, kritik- und gestaltungsfähig zu sein und dabei den Menschen und die Umwelt zu achten und sich für nachhaltige soziale und demokratische Entwicklungen einzusetzen*" (vgl. Leitbild des Bildungszentrums).

4. Aktueller Stand der „Wirkungsforschung" im Bereich politische Erwachsenenbildung

An dieser Stelle soll ein kurzer Überblick über einige aktuell vorliegende Studien gegeben werden. Der Fokus richtet sich dabei auf die Wahl der Erhebungs- und Auswertungsmethoden und ihren Beitrag für die Wirkungsforschung.

Im Auftrag der Bertelsmann-Stiftung wurde 2004 eine umfassende Untersuchung zur Wirkung politischer Bildung im Rahmen des Projekts „Erziehung zu Demokratie und Toleranz" durchgeführt (Uhl/Ulrich/Wenzel 2004). Für die Evaluation haben sich Wissenschaftler mit den Teilprojekten der Jugendbildung auseinandergesetzt und entsprechende Untersuchungsdesigns entworfen. Im Vordergrund stand die Frage nach der Veränderung von Urteils- und Handlungskompetenz der TeilnehmerInnen im Anschluss an einen politischen Bildungsprozess. Die Untersuchung wurde in Form einer *„partizipativen Evaluation"* durchgeführt, bei der verschiedene Perspektiven der an dem Bildungsprozess Beteiligten eingebunden wurden (ebd., S. 27ff.).

„Durch die demokratische, d. h. gleichberechtigte Beteiligung der von der Evaluation Betroffenen kommen verschiedene Perspektiven zur Sprache. Partizipative Evaluation bedeutet, konstruktiv mit diesen konflikthaften Perspektiven umzugehen." (ebd., S. 36)

Umgesetzt wurde dies durch mehrstufige Methodenverfahren, in denen unter anderem standardisierte Fragebögen mit offenen und geschlossenen Fragen eingesetzt, Experteninterviews oder auch problemzentrierte Interviews mit TeilnehmerInnen geführt wurden. Die Interviews waren leitfadengestützt, teilweise mit einem problemzentriert-diskursivem Nachfrageteil (vgl. ebd., S. 61f.). Die Ergebnisse bestätigen eine anhaltende Wissenserweiterung sowie Verhaltens- und Einstellungsänderungen bei den Jugendlichen (vgl. ebd., S. 90). Insgesamt stellen die Autoren fest, dass sich eine weiche Wirkung nicht durch externe Kriterien erfassen lässt, und schlagen daher die mehrperspektivische, partizipative Evaluation als Methode vor, um mehr über Wirkungen zu erfahren.

2006 veröffentlichten Ahlheim und Heger mit ihrer Untersuchung „Wirklichkeit und Wirkung politischer Erwachsenenbildung" (Ahlheim/Heger 2006) eine Studie, die sich auch mit der Wirkung politischer Erwachsenenbildung auseinandersetzt. Die Ergebnisse sollen die Wirklichkeit und Vielfalt politischer Bildung in Nordrhein-Westfalen abbilden und sichtbar machen. Um die Angebots- und Trägervielfalt, Grundlagen des professionellen Handelns und die Wirkung zu erfassen, wurde ein mehrstufiges Verfahren aus Programmanalyse, Experteninterviews, Fragebögen und leitfadengestützten, biografieorientierten Interviews angewendet (vgl. ebd., S. 9ff.).

In den exemplarischen biografischen Interviews wurde im Anschluss an den Fragebogen nach der politischen Sozialisation und den bisherigen Erfahrungen mit sowie aktuellen Bildungsinteressen an politischer Bildung gefragt (vgl. ebd., S. 246). Hinweise auf eine Wirkung machen die Autoren vor allem an langfristigen positiven und intensiven Erinnerungen fest. „*Insgesamt finden sich in den Interviews zahlreiche kleine, nebenbei formulierte Hinweise darauf, dass Veranstaltungen der politischen Erwachsenenbildung nachhaltige, biographisch wichtige Wirkungen hinterlassen haben, die sich freilich einem eindeutigen Input-Output-Schema und -Denken entziehen. Wirkungsspuren sind in der Regel da zu erkennen, wo die Erinnerung an bestimmte Themen und Personen, Referenten wie andere Teilnehmer, oft auch noch nach Jahren besonders intensiv ist, wo man oft lange oder doch eine längere Zeit nach der Veranstaltung mit Berufskolleginnen und -kollegen, mit Freunden, mit Verwandten, auch zuhause in der Familie, diskutiert und geredet hat.*" (ebd., S. 195)

Ahlheim und Heger zeigen mit ihrer Studie, dass Wirkungen in der politischen Erwachsenenbildung eng an biographische Erfahrungen und den jeweiligen Lebenskontext gebunden sind. Entsprechend scheint der Ansatz hilfreich, Wirkungen aus einer biographischen Perspektive zu erfassen und somit Sinnzuschreibungen der Teilnehmenden einsichtig werden zu lassen (vgl. ebd., S. 225).

Mit Bezug zur gewerkschaftlichen politischen Bildung wurde ebenfalls 2006 eine Wirkungsanalyse der Bildungsurlaubsseminare des DGB-Hessen vorgelegt (Schlevogt 2006). Durch die Einbindung aller am Bildungsprozess

Beteiligten sollten die Qualitätssicherung sowie die Folgewirkungen der Bildungsarbeit untersucht werden (vgl. ebd., S. 12). Das Untersuchungsdesign stellt eine Kombination aus quantitativen und qualitativen Methoden dar, bei dem Experteninterviews mit Leitern und Bildungsreferenten sowie eine teilstandardisierte, schriftliche Befragung der TeilnehmerInnen an Bildungsurlauben durchgeführt wurden (vgl. ebd., S. 21f.). Die Ergebnisse zeigen kurz- und mittelfristige Wirkungen, festgemacht an Wiederteilnahme an politischer Bildung oder positiven Erinnerungen. Die Autorin geht davon aus, dass aufgrund der Selbstaussagen der TeilnehmerInnen auch langfristig auf eine positive und aktivierende Änderung von Verhaltens- und Denkmuster geschlossen werden kann (vgl. ebd., S. 79).

Erste Ergebnisse zu einer langfristigen Wirkung politischer Jugendbildung liefern die Ergebnisse von Balzter/Ristau/Schröder zur „Biografischen Nachhaltigkeit politischer Jugendbildung" (Balzter/Ristau/Schröder 2014). Im Auftrag der Hans-Böckler-Stiftung wurden biografisch-narrative Interviews und anschließende Gruppendiskussionen mit ehemaligen TeilnehmerInnen aus politischen Jugendbildungsangeboten durchgeführt. Mit ihrer Typenbildung und der funktionalen Differenzierung gelingt es den Autoren, langfristige Wirkungen der Seminare im Lebenslauf nachzuweisen (vgl. Balzter/Schröder 2013, S. 6ff.). Es finden sich Hinweise auf eine Wissensvermittlung, auf veränderte Urteilsbildung und Anregungen zum politischen Mitwirken in den Biografien wieder (vgl. ebd., S. 15).

Einen umfassenden Überblick über den Stand der Wirkungsforschung politischer Bildung bietet eine von Helle Becker angefertigte Meta-Analyse (Becker 2011). Sie hat Forschungsarbeiten seit 2000 zur politischen Jugend- und Erwachsenenbildung unter den Aspekten Teilnehmerforschung und Wirkungsforschung zusammengefasst (vgl. ebd., S. 5). Da es sich bei dem Ergebnis von politischer Bildung um Wissen handelt, dass nicht im klassischen Sinne messbar ist, greifen die meisten Studien auf zuvor abgeleitete, erwartbare Bildungsindikatoren zurück (vgl. ebd., S. 113). Einige Studien untersuchen die Wirksamkeitsrekonstruktionen aus der Sicht der TeilnehmerInnen und verwenden dafür mündliche oder schriftliche Befragungen sowie leitfadengestützte, biografieorientierte Interviews (vgl. ebd., S. 115f.). Die Ergebnisse deuten insgesamt darauf hin, dass politische Bildung eine langfristige Wirkung entfaltet, die sich in den Biografien und den Erzählungen und Erinnerungen nachweisen lässt. Helle Becker resümiert: *„Eine ‚Wirkungsforschung' im eigentlichen Sinn müsste in der Lage sein, eine Veränderung (auch im Sinne einer Festigung, Verstärkung, Beobachtung von Performanz o.Ä.) zu registrieren und einen Zusammenhang mit vorangegangenen Bedingungen (Ursachen) herzustellen"* (ebd., S. 152).

Solche Studien gäbe es aber bisher kaum, insbesondere fehle es noch an einem überzeugenden, transferfähigen Forschungsdesign (ebd., S. 165).

Der kurze Einblick in den Stand der Forschung macht deutlich, dass es in den letzten Jahren durchaus Bestrebungen gab, Wirkungen von politischer Bildung zu evaluieren. Dabei fanden unterschiedlichste, meist mehrdimensionale Erhebungsverfahren Anwendung.

Für die Machbarkeitsstudie resultieren aus den vorliegenden Studien wesentliche Grundlagen für das Untersuchungsdesign. Zum einen können die Wirkungen politischer Bildung nicht durch eine oberflächliche Input-Output-Orientierung erfasst werden. Den Ansprüchen politischer Bildung an sich selber kann eine Erhebung nur gerecht werden, wenn sie auch die Wirksamkeitsrekonstruktion der Teilnehmer retrospektiv aus biografischer Sicht berücksichtigt[9]. Im Sinne partizipativer, demokratischer Evaluation muss ein mehrdimensionales Forschungsdesign entworfen werden, welches die Perspektiven aller Beteiligten, der jeweiligen Bildungsinstitution sowie der Lehrenden und Lernenden miteinbezieht.

---

9 Diese Idee, wie sie innerhalb eines interpretativen Paradigma vertreten wird, in der Erwachsenenbildungsforschung anzuwenden, ist kein neuer Gedanke (vgl. Born 1991, S. 143ff.)

5. Wirkungsverständnis

Wirkung politischer Bildung – beschreiben oder verstehen?

Die Frage nach der Wirkung von Bildungsangeboten, von Vermittlungsmethoden und Bildungsinhalten ist allgegenwärtig. Sie suggeriert ein Interesse am Ergebnis, am Erreichten, erschöpft sich jedoch alsbald als Rechenschaft, in der Aufwand und Ertrag verrechnet werden. Die zugrundeliegende Frage, auf welcher Basis, welchen Wertvorstellungen die Beurteilung des Erreichten vorgenommen wird, bleibt meist jedoch unbeantwortet bzw. wird gar nicht gestellt. Dabei setzen sowohl Zielformulierungen, was erreicht werden soll, wie auch die Beurteilungsgrundsätze und -maßstäbe einen Austausch und Konsens von Ansichten und Vorstellungen voraus. In technischen Systemen scheinen Ziel- und Beurteilungsgrundsätze im Idealfall noch aus „objektiven" Naturgesetzen ableitbar. Im Bildungsbereich, wo Antworten auf Fragen nach Formen und Zielen des zukünftigen Zusammenlebens zu finden sind, die sich nicht aus Naturgesetzen[10] ableiten lassen, müssen Normen und „Leitspuren" bei der Beantwortung von Zukunftsfragen immer wieder neu formuliert und kritisch reflektiert werden (vgl. auch Biesta 2011, S. 204).

Neben grundsätzlichen ethisch-moralischen Fragen zeigen sich aber auch in der konkreten methodischen Umsetzung von Verfahren zur Wirkungserfassung im Bildungsbereich mehr offene als gelöste Fragen. Um von Wirkungen sprechen zu können, ist die Annahme von Kausalzusammenhängen grundlegend. Es ist von einem Zusammenhang von Ursache und Wirkung auszugehen. Damit verbunden ist einerseits die Anforderung, alle Einflussfaktoren zu kennen, um ihre Wirkungsentfaltung nachzeichnen zu können. Anderseits muss auch die Ausgangslage vollständig bekannt sein, um rückschließend Veränderungen eindeutig auf die Ursache zurückführen zu können (vgl. auch Ahlheim 2005). Hinzu kommt zu klären, in welchem Zeitraum[11] eine Wirkungsentfaltung angenommen wird. Konkret bedeutet dies auf die Erwachsenenbildung bezogen, es müssten von allen

---

10 Zur Entlastungsfunktion von Kausalitätsgesetzen vgl. Negt 2010, S. 205

11 Zur Frage der zeitlichen Dimension einer Wirkungsentfaltung findet sich bei Oskar Negt der Begriff des Vorratslernens, der darauf verweist, dass Wirkungen eines Bildungsangebots sich auch erst Jahre später (z. B. innerhalb eines veränderten Kontextes) entfalten können.

Teilnehmenden eines Bildungsangebots alle Ausgangsvoraussetzungen (z. B. biographische Vorprägung) bekannt sein und nun separat und anschließend in Kombinationen mit Methoden Inhalte, Interaktionsformen usf. auf ihre Wirkung hin untersucht werden. Der Hinweis, dass solch ein Wirkungsverständnis und Erhebungsvorgehen nicht realisierbar bzw. lediglich in experimentellen Laborumgebungen umzusetzen ist, findet sich in vielfältigen Publikationen (Becker 2011; Ahlheim 2006; Schüßler 2012; Uhl, Ulrich, Wenzel 2004).

Die Vorstellung, aus einer Beobachterposition heraus zu klären, welche Vorgehensweisen welche Veränderungen bei Lernenden hervorbringen und wie dies nachweisbar und messbar wird, steht nicht im Mittelpunkt der vorliegenden Studie. Vielmehr wird der Versuch unternommen, individuelle Wirkungszuschreibungen zu evozieren bzw. nachvollziehbar werden zu lassen. Entsprechend liegt der vorliegenden Machbarkeitsstudie ein subjektives, auf die individuellen Wirkungseinschätzungen abzielendes Wirkungsverständnis zugrunde. Im Mittelpunkt der Erhebung stehen „individuelle Wirkungszuschreibungen"[12] der Teilnehmenden. Die Bezeichnung „individuelle Wirkungszuschreibungen" verdeutlicht, dass es bei der Untersuchung nicht um das Herausarbeiten von „objektiven kausalen Zusammenhängen" bzw. „Zweck-Mittel-Relationen" geht, sondern vielmehr Sedimentierungs- und Bedeutungszuschreibungsprozesse im Fokus stehen. Sinn und Bedeutung werden nicht einfach von Lernenden aufgenommen, „bewirkt", sondern individuell auf dem Hintergrund vorausgegangener Erfahrungen und damit verbundener biografischer Prägungen aktiv im Sinne eines Verstehens- bzw. Einordnenwollens konstruiert: *„Vom biblischen Weltverständnis und der griechischen Kosmogonie über Goethes Naturauffassung bis hin zu der modernen Biologie und dem genetischen Code zeigt sich das menschliche Bedürfnis, die Welt mit Bedeutung und Sinn zu versehen bzw. sie als eine sinnvolle zu interpretieren und sie so zu verstehen. Damit ist Sinn zunächst einmal als Resultat eines verstehenden Auslegens von Welt gefasst"* (Combe/Gebhard 2007, S. 13).

---

12 Der Begriff „individueller Wirkungszuschreibungen" schließt den Prozess der Wirkungsentfaltung mit ein – entsprechend wird in dieser Arbeit der Begriff Wirkungsentfaltung synonym verwendet.

6. Erhebungsdesign, Datenerhebung und -auswertung

6.1 Die Datenerhebung – Narrativ-fokussierte Interviews

Ausgehend vom dargestellten Wirkungsbegriff bedarf es einer Erhebungsmethode die es gestattet, subjektive Wirkungszuschreibungen zu erheben bzw. ihre Explikation anzuregen. Die Erhebungsmethode sollte geeignet sein, biographische Einblicke zu ermöglichen, um die subjektiven Wirkungszuschreibungen besser verorten zu können.

Der Einsatz von thematischen Leitfragen in der Interviewdurchführung hilft, strukturiert Ansichten, Einschätzungen und Beeinflussungsaspekte zu erfragen. Zugleich besteht die Gefahr, dass eine strikte, wenig flexible Handhabung von Leitfragen den Befragten wenige Möglichkeiten bietet, über die vorgegeben Fragen hinaus Themen, Sichtweisen und Einschätzungen zu entwickeln (vgl. Helferich 2009). Im Gegensatz zu durch thematische Leitfragen bestimmte Interviewformen betont eine *narrative Interviewstrategie* die Aufforderung zur freien Erzählung (Kruse 2014, S. 155). Entscheidend für die Auswahl bzw. Akzentuierung, ob und wie eng mit Leitfragen in der Interviewsituation gearbeitet wird, ist die jeweilige Forschungsfrage (vgl. Przyborski & Wohlrab-Sahr 2014, S. 78). Entsprechend häufig lassen sich unterschiedlichste erhebungsmethodische Ausprägungen und -Kombinationen antreffen. Ahlheim und Heger verorten in ihrer Wirkungsstudie zur politischen Erwachsenenbildung ihre Vorgehensweise als eine Interviewform, die ähnlich wie das problemorientierte und das episodische Interview eine flexible, dem Gesprächsverlauf angepasste Orientierung an einem Leitfaden zulässt. Zugleich enthalte das Vorgehen autobiographisch-narrative Erzählimpulse (Ahlheim & Heger 2006, S. 180/181). Baltzer, Ristau und Schröder (2014) setzen in ihrer aktuellen Studie – *„Wie politische Bildung wirkt"* – biographisch-narrative Interviews in Kombination mit Gruppendiskussionen ein, um Wirkungen politischer Bildung nachzuzeichnen. Die erwähnten Untersuchungen eint die Annahme, dass Wirkungen lediglich im Kontext biographischer Anbindungen aufschlussreich sind.

Ähnlich wie bei Ahlheim und Heger wird auch in der vorliegenden Machbarkeitsstudie eine erzählgenerierende (narrativ-biographische) mit einer leitfadengestützten Vorgehensweise kombiniert. Angelehnt an Kaiser (1992) bezeichnen wir die in der Machbarkeitsstudie zu erprobende Vorgehensweise als *narrativ-biographisch-fokussierte Erhebungsmethode*. Da sich der Begriff Narration lediglich auf das Erzählen allgemein bezieht, konkretisiert sich mit der Bezeichnung „biographisch" der Erfahrungsausschnitt, der in die Befragung miteinbezogen werden soll. In der vorliegenden Studie bezog sich die Erzählaufforderung auf die eigene Bildungsbiografie und mögliche Bezüge zur politischen Bildung. In einem zweiten, „fokussierten", leitfadengestützten Teil des Interviews stand die konkrete Einschätzung des absolvierten Akademiekurses im Mittelpunkt.

Eingeleitet wurde dieser zweite Teil der Befragung gleichsam durch eine offen gehaltene Aufforderung, von den Erinnerungen an den Akademiekurs zu erzählen. Erst als der Erinnerungsstrom versiegte, wurden anhand von thematischen Leitfragen Erinnerungen und Einschätzungen bezüglich der das Seminar konstituierenden Aspekte wie Seminarinhalte, -methoden, die Rolle und Wirkung der Lehrenden, der Gruppe und Zeitstruktur nachgefragt (vgl. Anlage 2). Das skizzierte Vorgehen war rückgebunden an Überlegungen, dass auch die Reihenfolge der Erzählung, das Auftauchen von Inhalten und Einschätzungen erste Hinweise auf „Erfahrungsaufschichtungen" beinhaltet, die im Weiteren aufschlussreich für das Verständnis lebensgeschichtlicher Prägungen sind (vgl. Schütze 1984, S. 78ff.; Schütze 1983, S. 284)[13].

Fokussierte Interviews bieten sich an, um ausgehend von bekannten Beeinflussungsaspekten Wirkungshypothesen zu überprüfen bzw. zu modifizieren (vgl. Merton & Kendall 1979, S. 173ff.; Kaiser 1992). In der vorliegenden Untersuchung sollte das fokussierte Vorgehen Aufschlüsse darüber ermöglichen, wie die seit Jahren eingesetzte Seminarkonzeption mit ihren Zielen und Annahmen[14] auf die Teilnehmenden wirkt bzw. welche Wirkungen die Teilnehmenden im Interview dem Akademiekurs zuschreiben. Die Vorgehensweise im fokussierten Teil des Interviews,

---

13   Zur Kritik an Schützes Überlegungen vgl. Wietzel 1982 S. 75ff.

14   Förderung von politischen Interesse und Handlungsfähigkeit, Zusammenhangswissen (vgl. Kap. 3)

von der Erzählaufforderung zur detaillierten Nachfrage, sollte mit den Hinweisen auf beeinflussende Seminaraspekte auch Einblicke in individuelle Bedeutungszuschreibungen ermöglichen. Die Idee, narrative und leitfadenorientierte Vorgehensweisen miteinander zu kombinieren, offene und verdichtende Fragen in einem Interview einzusetzen, findet sich häufiger in qualitativen Erhebungen[15] (vgl. Nohl 2012, S. 13ff.). Fritz Schütze selbst, der zentrale Grundlagen bei der Durchführung und Auswertung autobiographisch-narrativer Interviews formuliert hat, verwendete zu Beginn seiner erzähltheoretischen Forschungen fokussierte, autobiografisch-narrative Interviews (ebd., S. 17).

Die befragten Teilnehmenden

Insgesamt wurden 14 Teilnehmende des Akademiekurses befragt. Drei Teilnehmende wurden während ihres Besuchs des Akademiekurses 2014 per Zufall ausgewählt und zu Beginn und am Ende des Seminars befragt. Die Form der Vorher-Nachher-Befragung wurde gewählt, um unmittelbare Wirkungszuschreibungen zu erhalten und diese dann in einem zweiten Schritt mit Wirkungszuschreibungen ehemaliger Teilnehmenden der letzten 15 Jahre zu vergleichen. Möglicherweise lassen sich so Ähnlichkeiten oder Differenzen in den Wirkungszuschreibungen erkennen und Hinweise auf Sedimentierungsprozesse[16] im zeitlichen Erinnern nachzeichnen.

Die Teilnehmenden der Längsschnittbefragung wurden per Zufall aus bestehenden alten Teilnehmerlisten ausgewählt. Im Abstand von fünf Jahren wurden jeweils ausgehend vom Jahre 1998 für die Jahre 2003 und 2008 je sechs ehemalige Teilnehmende ausgewählt und angeschrieben. Das Jahr 1998 wurde als Ausgangsjahr für den Fünfjahres-Rhythmus ausgewählt, da in diesem Jahr der Akademiekurs grundlegend in seiner Struktur überarbeitet wurde. Die überarbeitete Struktur liegt auch heute noch dem Akademiekurs zugrunde.

Insgesamt wurden 18 Teilnehmende angeschrieben, da wir davon ausgingen, dass etwas mehr als die Hälfte der Angeschriebenen sich zurückmelden würde. Geplant war, die Befragung mit 12 Teilnehmenden im

---

15 Zum Verhältnis narrativer und nachfragender Interviewanteile vgl. auch Wietzel 1982, S. 92ff.

16 Der Begriff „Sedimentierungsprozesse" ist angelehnt an die von Fritz Schütz beschriebene „Erfahrungsaufschichtung" (vgl. Schütz 1984).

Jahr des Besuchs des Akademiekurses	Anzahl der Interviewteilnehmenden	männlich	weiblich
1998	3	2	1
2003	5	4	1
2008	3	3	-
2014	3	1	2

Tabelle 2: Verteilung der Interviewteilnehmenden

Längsschnitt und drei Teilnehmenden aus dem aktuellen Akademiekurs durchzuführen. Bei der Auswahl wurde auf eine gleichmäßige Verteilung von Männern und Frauen geachtet. Auf das Anschreiben hatten sich unmittelbar vier ehemalige Teilnehmende gemeldet. Nach weiteren telefonischen Nachfragen und Kontaktaufnahmen über Dritte konnten für die Machbarkeitsstudie letztlich 11 Teilnehmende für die Längsschnitterhebung gewonnen werden. Einen Überblick über die Verteilung der Interview-Teilnehmenden vermittelt Tabelle 2.

Das Alter der Befragten lag zum Zeitpunkt der Befragung zwischen 39 und 56, der Altersdurchschnitt bei 49 Jahren. Die Interviewpartner arbeiten überwiegend in Unternehmen der Automobilherstellung im Bereich der Produktion in Niedersachsen, Bremen und Baden-Württemberg. Alle Interviewpartner sind gewerkschaftlich engagiert.

6.2 Datenerhebung – Experteninterviews mit Lehrenden
6.2.1 Dozierende als ExpertInnen

Neben den Teilnehmenden sollten auch die Lehrenden befragt werden. Die Auswertung der Ergebnisse sollte die Wirkungszuschreibungen der Teilnehmenden ergänzen, auf Zusammenhänge von formulierten, intendierten Zielen und wahrgenommenen Wirkungen bei den Teilnehmenden verweisen.

Die pädagogischen MitarbeiterInnen der Heimvolkshochschule Hustedt sind zugleich für die Planung ihrer Inhalte im Akademiekurs als auch für die didaktische Umsetzung verantwortlich. Dadurch können sie in zweifacher Weise als ExpertInnen betrachtet werden, welche über einen besonderen Zugang zu relevanten Informationen verfügen und einen Wissensvorsprung gegenüber anderen Beteiligten aufweisen (Meuser/ Nagel 2009, S. 467). Damit wird der relationale Status einer ExpertIn als FunktionsträgerIn innerhalb einer Organisation für die vorliegende Forschungsfrage erreicht. „Die damit verknüpften Zuständigkeiten, Aufgaben, Tätigkeiten und die aus diesen gewonnenen exklusiven Erfahrungen und Wissensbestände sind die Gegenstände des ExpertInneninterviews" (Meuser/Nagel 2002, S. 74).

Für die Stellung des Experteninterviews innerhalb eines Forschungsdesigns gibt es zwei Möglichkeiten. Sie können im alleinigen Zentrum des Interesses stehen oder wie in dem vorliegenden Fall explorativ-felderschließend (ebd., S. 75) eingesetzt werden, um ergänzendes Hintergrundwissen zu liefern. Dabei werden sowohl das Betriebswissen der ExpertInnen über ihr eigenes Handeln in Bezug auf die Lehr-Lern-Situation als auch das Kontextwissen erfragt, um die individuelle Wirkungsentfaltung bei den TeilnehmerInnen besser erschließen zu können (ebd., S. 75f.). Dementsprechend sind die Experteninterviews in diesem Erhebungsdesign eines von mehreren Instrumenten, um eine zusätzliche Perspektive zu gewinnen.

Bei der Datenerhebung gilt zu berücksichtigen, dass Kontextwissen für die ExpertInnen leicht zu kommunizieren ist, während das Betriebswissen sich vornehmlich durch Beschreibungen oder Erzählungen implizit entfaltet (Meuser/Nagel 2009, S. 472).

6.2.2 Vorbereitung und Datenerhebung

Die Vorüberlegungen für die Dozenteninterviews haben zu der Entscheidung geführt, ein offenes Leitfadeninterview zu wählen, wie es auch in der Literatur empfohlen wird (Meuser/Nagel 2009, S. 472). Neben den Möglichkeiten der vielfältigen Wissenserschließung birgt eine Vorstrukturierung mittels des Leitfadens für den Interviewer die Möglichkeit, sich ins Thema einzuarbeiten. Eine gewisse thematische Kompetenz des Interviewenden erhöht die Chance mehr über das Wissen der ExpertInnen zu erfahren (ebd., S. 472f.). Ein weiterer Vorteil dieser Interviewform liegt darin, dass durch den Leitfaden sichergestellt ist, dass bestimmte Bereiche angesprochen werden und eine Vergleichbarkeit der Interviews möglich wird.

Die Erstellung des Leitfadens wurde von beiden beteiligten Forschern gemeinsam vorgenommen. Die Forschungsfrage nach der Wirkungsentfaltung und dem Zusammenhang mit Lehr-Lernkulturen sowie die bereits bestehenden Vorüberlegungen wurden dafür herangezogen.

Der erste Teil des Interviews fokussiert die eigene pädagogische Arbeit und deren Ziele. Der zweite Teil versucht den Blick der Dozierenden auf die TeilnehmerInnen zu erschließen. Dies steht in Verbindung zum dritten Teil, welcher sich auf die konkrete Seminargestaltung konzentriert. Abgeschlossen wird das Interview mit Fragen zur Wirkung des Akademiekurses (siehe Anlage 3). Die Interviews beginnen jeweils mit einer offenen Frage. Anschließend werden hypothesengerichtete bzw. spezifischere Fragen gestellt (vgl. Flick 1998, S. 99f.).

Beispiel: Wirkungsentfaltung: Auf die Frage „Welche Wirkung entfaltet deiner Meinung nach dein Themenangebot im Akademiekurs?" wurde anschließend nach konkreten Einflussfaktoren auf diese Wirkung gefragt, wie beispielsweise „Welche Rolle spielen Zeit und Ort?". Die Nachfrage nach den beiden Einflussfaktoren wurde aus den theoretischen Vorarbeiten abgeleitet, sie repräsentieren einen hypothetisch angenommenen Zusammenhang.

Das *„Wie des Entscheidens und Handelns"* (Meuser/Nagel 2009, S. 474) der ExpertInnen wird ins Zentrum gerückt, während durch die offenen Formulierungen der Fragen auch Beispielerzählungen und Erläuterungen möglich sind, um weitere Hintergrundinformationen zu erhalten. Zur Gewinnung der Informationen wurden auch gezielte Nachfragen eingesetzt. Das skizzierte Vorgehen soll helfen, dass das nicht unmittelbar verfügbare, implizite Wissen der ExpertInnen expliziert wird.

Der Durchführungsort und der Termin wurden mit den DozentInnen vorab abgesprochen. Für die Dauer der Interviews wurde ein Zeitrahmen von 90 Minuten eingeplant. Die Interviews dauerten zwischen 50 und 80 Minuten.

Alle Experteninterviews wurden digital aufgezeichnet. Ergänzend dazu wurden während der Interviews kurze Notizen und im Anschluss ausführlichere Anmerkungen zum Interview festgehalten. Ein Dozent hat begleitend zu seinen Erzählungen etwas aufgezeichnet. Die Zeichnung wurde ebenfalls übernommen und den Unterlagen zum Interview hinzugefügt.

Die Erzählungen der Dozierenden werden nicht einzelfallbasiert ausgewertet, interessant sind vielmehr die thematischen Einheiten, die sich in den Interviews zeigen. Durch die flexible Handhabung des Interviews, welches den Sinnkonstruktionen der ExpertInnen folgt, können thematische Textstellen über das gesamte Interview verteilt immer wieder auftreten. Damit diese verstreuten Passagen zu einem Gesamtbild zusammengefügt und ausgewertet werden können, wird eine entsprechende Methode gewählt: die strukturierende Inhaltsanalyse nach Mayring (vgl. Kapitel 7.2).

6.3 Teilnehmende Beobachtung

Als ein weiterer Pfeiler des Erhebungsinstrumentes wurde eine teilnehmende Beobachtung durchgeführt. Die Methode unterscheidet sich von einer Alltagsbeobachtung durch Absicht, Selektion und Auswertung und muss bestimmte Kriterien erfüllen (Schöne 2013, S. 3). Sie stammt aus dem Bereich der Feldforschung und soll Einblicke in subjektive Sichtweisen, Abläufe sozialer Prozesse und ein Verständnis für soziale und kulturelle Regeln ermöglichen (ebd., S. 5).

Die teilnehmende Beobachtung dient als Lieferant für ergänzende Informationen, um das Feld zu erschließen. Im vorliegenden Forschungsprojekt stellt die Lehr-Lern-Situation im Akademiekurs, die Interaktion von Dozent und TeilnehmerInnen, das Feld der Beobachtung dar. Im Mittelpunkt der Beobachtung stehen die durch Interaktionen geprägten sozialen Handlungszusammenhänge (vgl. Atteslander 1992, S. 97f.).

Die Methode und die Regeln der Beobachtung lassen sich nicht standardisieren, vielmehr ergeben sie sich während der Beobachtung in Abhängigkeit vom Verstehensprozess (ebd., S. 104). Dennoch wurden für die Beobachtung folgende Formen festgelegt (ebd., S. 106ff.):

- *passiv*: Der Beobachter interagiert nicht mit den Personen im Feld.
- *strukturiert*: Vorab werden Gegenstand der Beobachtung und Erkenntnisinteressen festgehalten. Der Grad der Strukturierung kann während der Beobachtung erhöht werden.

- *offen*: Die TeilnehmerInnen werden über die Anwesenheit und Intention der Forscherin informiert.

Während der Beobachtung wird zuerst eine Orientierung im Feld vorgenommen und versucht, seine Komplexität zu erfassen. Für die konkreten Forschungsfragen werden in der zweiten Phase fokussierte Beobachtungen gemacht, sprich gezielt Probleme, Personen oder Prozesse in den Blick genommen. Schließlich werden weitere selektive Beobachtungen angestellt. Diese Phasen laufen mehr oder weniger bewusst ab, wurden aber so weit wie möglich in der Beobachtung umgesetzt (Schöne 2013, S. 4).

Im Zentrum der Beobachtung standen die Interaktionen zwischen Dozent und TeilnehmerInnen, aber auch die Interaktionen unter den TeilnehmerInnen. Des Weiteren wurden Regelmäßigkeiten oder besondere Reaktionen und Ereignisse ebenso notiert wie Hinweise auf die inhaltliche oder didaktische Gestaltung.

Für die Beobachtung wurden zwei Tage in der Mitte des aktuellen Kurses 2014 gewählt. Der Dozent war auch einer der Lehrenden, die zuvor im genannten Experteninterview befragt wurden. Das gewählte Vorgehen ermöglicht es, Interviewaussagen und Beobachtungen aufeinander zu beziehen.

Um den Interaktionsverlauf so wenig wie möglich zu beeinflussen, wurden während des Seminars nur kurze Notizen gemacht. Die ausführlichen Protokolle entstanden nach Ende des Unterrichts in Form eines Gedächtnisprotokolls. Sie enthalten neben den Beschreibungen Angaben zu Datum, Zeit, anwesenden Personen und der Anordnung im Raum. Dadurch sind, wie auch bei der Beobachtung, selektive Mechanismen von Seiten der Forschenden nicht vollständig zu vermeiden. Die Protokolle wurden verschriftlicht und für die Auswertung der Dozenten-Interviews als ergänzendes Material herangezogen. Vereinzelte Interpretationsansätze während des Protokollierens wurden aufgenommen und besonders kenntlich gemacht. Eine vertiefende Einzelauswertung der Protokolle wurde nicht vorgenommen.

7. Auswertung

Die Interviewdauer der geführten Interviews mit den Teilnehmenden lag zwischen 21 und 78 Minuten. Alle Interviews wurden anhand eines einfachen Transkriptionssystems vollständig transkribiert (vgl. Dresing, Pehl 2013). Anschließend wurden die Interviews der Lehrenden und ehemals Teilnehmenden mittels zusammenfassender, qualitativer Inhaltsanalyse nach Mayring (2003) ausgewertet. Eine nähere Beschreibung der *qualitativen Inhaltsanalyse* und eine Darstellung der Ergebnisse findet sich in den Kapiteln 7.2, 7.4 und 8.1.

Während die qualitative Inhaltsanalyse eine möglichst differenzierte Übersicht über genannte individuelle Wirkungszuschreibungen ermöglichen soll (was wird ausgesagt), wird versucht, anhand einer *rekonstruierenden Auswertung* der Codierung „Biografie: Zugang bzw. Ausprägung politisches Interesse" einen Einblick in den jeweiligen individuellen Entfaltungskontext der zugeschriebenen Wirkungen zu ermöglichen (wie ist das Gesagte, die zugeschriebene Wirkung im biografischen Kontext einzuordnen?). Grundsätzlich wird bei interpretativen Rekonstruktionen der gesamte Interviewtext analysiert. In der vorliegenden Machbarkeitsstudie wird versucht, anhand einer ausschnitthaften Rekonstruktion, durch die Analyse der Codierung „Biografie: Zugang, Ausprägung politische Bildung", einen Einblick in den jeweiligen individuellen Entfaltungskontext zu ermöglichen.

Die ergänzende rekonstruktive Auswertung soll helfen, einer Dekontextualisierung und Reduzierung entgegenzuwirken, wie sie häufig einem qualitativ inhaltsanalytischen Vorgehen nach Mayring vorgeworfen wird (vgl. dazu Rosenthal 2014, S. 55; Kruse 2014, S. 407ff.). Das hier vorgeschlagene und im weiteren Text beschriebene kombinierte Vorgehen versucht damit, zwei teils gegensätzlich eingestufte Auswertungsverfahren miteinander zu verbinden.

7.1 Auswahl der zu rekonstruierenden Interviews

Um Interviews für eine rekonstruktive Analyse auswählen zu können, wurden *Interviewverlaufsübersichten* und eine *Themenmatrix* für alle

Interviews der Teilnehmenden erstellt. In tabellarischer Form wurde in den Interviewverlaufsübersichten der gesamte Gesprächsverlauf anhand der vorkommenden Themen chronologisch notiert. In die Erstellung der Themenmatrix (vgl. Anlage 1) hingegen gingen lediglich die erwähnten Themen innerhalb der Codierung „Biografie: Zugang, Ausprägung politisches Interesse" mit ein (vgl. Lamnek 1995, S. 118). Beide, Interviewverlaufsübersichten und Themenmatrix, boten die Möglichkeit, einen Überblick über die Inhalte der geführten Interviews zu erhalten und eine Auswahl von Interviews für die rekonstruktive Analyse zu treffen. In der vorliegenden Machbarkeitsstudie wurden beispielhaft zwei Interviews ausgewählt, um die Verknüpfung beider Auswertungsmethoden grundsätzlich und in der skizzierten Weise zu erproben. Ausgewählt wurden im vorliegenden Fall Interviews, die beispielhaft die starke Ausprägung *eines* biografischen Aspektes bzw. das Zusammenspiel *mehrerer* Aspekte und ihre Bedeutung für die Wirkungszuschreibungen des Akademiekurses verdeutlichen. Häufig in den Interviews genannt und in der Themenmatrix aufgeführt, zeigt sich, dass das politische Interesse durch die Aspekte „*Vorbilder/ Personen*", „*Erfahrungen im Arbeitsleben*", „*Qualifikationen/ Werdegang*", und „*Familie, Freunde und Sozialisation*" maßgeblich beeinflusst wurde. Die ausschnitthafte rekonstruktive Analyse der beiden Interviews ist nicht „exemplarisch" in dem Sinne, dass unmittelbar an ihnen eine Typologie abgeleitet werden könnte. In ihrer Darstellung sind die beiden Interviews aber durchaus als „stellvertretend" zu verstehen. Sie ermöglichen, wie durch ein Brennglas, einen ersten konzentrierten Einblick in biographische Hintergründe, innerhalb derer die Wirkungszuschreibungen zu verorten sind.

Eine detaillierte Beschreibung der rekonstruktiven Analyse findet sich in Kapitel 7.5. Einen Überblick über das beschriebene Erhebungs- und Auswertungsdesign vermittelt Abbildung 1.

Narrativ-biografisch fokussierte Interviews mit Teilnehmenden (n=14)	Experteninterviews mit Lehrenden (n=3)	Teilnehmende Beobachtung
Vollständige **Transkription** aller Interviews		
Qualitative Inhaltsanalyse nach Mayring Zusammenfassende Inhaltsanalyse der Teilnehmendeninterviews, Strukturierende Inhaltsanalyse der Dozenteninterviews		
Erstellen einer **Themenmatrix** für die Codierung „Biografie: Zugang/Ausprägung politisches Interesse" der Teilnehmendeninterviews		
Auswahl und Darstellung **beispielhafter Rekonstruktionen** anhand von Inhaltsübersichten und der Codierung „Biografie: Zugang bzw. Ausprägung politisches Interesse"		

Abbildung 1: Erhebungsdesign der Machbarkeitsstudie

7.2 Qualitative Inhaltsanalyse – Methode

Für die Auswertung der Interviews mit den Dozierenden und für eine Auswertung der Teilnehmendeninterviews wurden spezielle Techniken der qualitativen Inhaltsanalyse verwendet, wie sie von Mayring entwickelt wurden.

Die qualitative Inhaltsanalyse weist als Methode einige Vorteile auf, indem sie versucht, Stärken der quantitativen und der qualitativen Auswertung zu vereinen. So wird das Material in seinem Kontext eingebettet, als Mittel der Kommunikation analysiert und interpretiert. Ein besonderes Merkmal ist die theoriegeleitete Vorgehensweise. Das bedeutet, dass theoretische Vorüberlegungen in den Erhebungsprozess eingebunden und Ergebnisse vor einem Theoriehintergrund interpretiert werden (Mayring 2010, S. 12f.).

Im Gegensatz zu anderen interpretativen oder rekonstruktiven Methoden folgt die Inhaltsanalyse einem systematischen Vorgehen nach einem festgelegten Ablaufschema, welches jeden Analyseschritt festhält. Dieses Schema wird anhand der Fragestellung dem konkreten Gegenstand angepasst. Zentral sind dabei die Festlegungen der Kodiereinheiten und das

Kategoriensystem, welche eine *intersubjektive Nachvollziehbarkeit* und Vergleichbarkeit der Ergebnisse ermöglichen (ebd., S. 48ff.). Ein weiteres Gütekriterium ist die Intercoderreliabilität, bei der mehrere Auswertende dasselbe Material analysieren und vergleichen (ebd., S. 51f.).

Nachdem die Fragestellung feststeht, kann ein geeignetes Analyseinstrument ausgewählt werden. Mayring (2010, S. 65f.) unterscheidet drei spezielle Techniken:

- die *Zusammenfassung*: Reduktion des Materials auf wesentliche Inhalte
- die *Explikation*: einzelne Textpassagen durch zusätzliches Material ausdeuten
- und die *Strukturierung*: bestimmte Aspekte nach Kriterien aus dem Material herausfiltern.

Für diese drei Techniken sind jeweils noch weitere Ausprägungen verfügbar. Erläutert werden hier im Anschluss nur die beiden Techniken, die auch im Forschungsprozess Anwendungen gefunden haben.

Für jede der Techniken muss ein Ablaufmodell entworfen werden, welches die einzelnen Analyseschritte festhält und verdeutlicht. Als nächstes wird ein Kategoriensystem aufgestellt, welches die Variablen, Dimensionen und Ausprägungen der Kategorien für die Datenerfassung enthält. Diese kann sowohl induktiv als auch deduktiv geschehen. Der dazu gehörige Kodierleitfaden enthält Ankerbeispiele und Kodierregeln. Abschließend werden die Analyseeinheiten (Kodiereinheit, Kontexteinheit, Auswertungseinheit) festgelegt (ebd., S. 59f.).

Vorabbestimmungen und Stichprobe

Zu Beginn müssen Ausgangsmaterial und Stichprobe bestimmt werden. Die Grundgesamtheit dieser Studie besteht aus allen TeilnehmerInnen des aktuellen Akademiekurses (Juni-Juli 2014) sowie wie bereits beschrieben den TeilnehmerInnen der Jahre 1998, 2003 und 2008.

Die Dozenten wurden mit einer bewussten Auswahl nach theoretischen Überlegungen bestimmt. So wurden zwei Dozenten des aktuellen Kurses befragt und ein Dozent, der bis 2009 im Akademiekurs tätig war. Auf diese

Weise sollten mögliche Übereinstimmungen mit ehemaligen und neuen TeilnehmerInnen transparent werden.

Theorie der strukturierenden Inhaltsanalyse

Die strukturierende Inhaltsanalyse soll anhand des Kategoriensystems bestimmte Aspekte aus dem Material herausfiltern und bündeln. Die Strukturierungsdimensionen mit ihren Ausprägungen müssen theoretisch abgeleitet und ausdifferenziert werden. Diese Dimensionen und die Ausprägungen stellen dann ein deduktiv entwickeltes Kategoriensystem mit Definition der Kategorien, Ankerbeispielen und Kodierregeln zum Abgrenzen. Vorab ist ein erster Durchgang von etwa 20 % des Materials wichtig, um zu prüfen, ob die Kategorien generell greifen, gegebenenfalls wird eine Revision des Kategoriensystems vorgenommen (Mayring 2010, S. 92). Die Schritte sind in einem Ablaufmodell festzuhalten.

Bei der strukturierenden Inhaltsanalyse werden vier Formen unterschieden: die *formale*, die *typisierende*, die *skalierende* und die *inhaltliche* Strukturierung. Für das Forschungsprojekt wurde die inhaltliche Strukturierung gewählt. Bei dieser Form werden Inhalte extrahiert und zusammengefasst. Dafür werden die Fundstellen entsprechend dem Kategoriensystem zuerst in Unter- und dann in Hauptkategorien zusammengefasst (ebd., S. 98). Anschließend erfolgt die Interpretation der Ergebnisse.

Theorie der zusammenfassenden Inhaltsanalyse und induktive Kategorienbildung

Das Ziel der zusammenfassenden Inhaltsanalyse besteht darin, die Aussagen mit jeder Ebene zu verallgemeinern, so dass nur die wesentlichen Inhalte erhalten bleiben (Mayring 2010, S. 65ff.). Für diese Technik bietet sich eine induktive Kategorienbildung an, bei der die Kategorien direkt aus dem Material heraus abgeleitet werden (ebd., S. 84f.).

Für eine induktive Kategorienbildung wird vorab das Definitions- oder Selektionskriterium anhand der Fragestellung festgelegt. Dieses bestimmt, welche Textstellen für die Erstellung herangezogen werden, zugleich wird Unwesentliches oder vom Thema Abweichendes ausgeschlossen. Mit der anschließenden Materialdurcharbeitung werden Kategorien erstellt, deren Bezeichnungen sich an das Material anlehnen. Besteht schon eine Kategorie, werden weitere passende Textstellen dieser zugeordnet (Subsumption). Aus neuen, nicht passenden Stellen wird eine neue Kategorie erstellt. Nach etwa 10 bis 15 % des Materials wird das Kategoriensystem nach folgenden Punkten überprüft: logische Klarheit, keine Überlappungen, angemessener Abstraktionsgrad zu Gegenstand und Fragestellung. Sofern Veränderungen vorgenommen werden, erfolgt der Materialdurchlauf von vorne (Mayring 1996, S. 92ff.).

7.3 Durchführung der Auswertung bei den Dozierenden

Für die Auswertung der Interviews mit den pädagogischen Mitarbeitern wurde die strukturierende Inhaltsanalyse gewählt, um Aspekte und Aussagen zur Fragestellung der Untersuchung zu gewinnen. Durch die inhaltliche Strukturierung sollen die Wirkungen der Dimensionen von Lehr-Lernkulturen im Akademiekurs herausgearbeitet werden. Die Perspektive der pädagogischen Mitarbeiter und Mitarbeiterinnen ermöglicht einen Einblick in die Gestaltung und Entfaltung von Lernkulturen in der politischen Bildung. Theoriegeleitet wurden anhand der Fragestellungen der Machbarkeitsstudie die Hauptkategorien (Variablen) für das Kategoriensystem erstellt. Die Ausgangsfrage war:

„Welche Elemente der Lehr-Lernkultur unterstützen Wirkungen in (be-rufs-)biographischer Entwicklung, Aktivierung für lebenslanges Lernen, Funktionswahrnehmung in politischen Positionen sowie Persönlichkeitsbildung?"

Dabei wurden sowohl Ergebnisse aus bisherigen Studien, Wissen über Dimensionen von Lehr-Lernkulturen als auch der Leitfaden der Interviews berücksichtigt.

Die deduktive Kategorienbildung bindet die im Untersuchungsdesign herausgearbeiteten Faktoren ein und ermöglicht einen Anschluss an die von den TeilnehmerInnen genannten wirkungsfördernden Elemente des Bildungsangebotes. Das Kategoriensystem enthält neun Hauptkategorien mit jeweils eigenen Ausprägungen (siehe Abbildung 2). Die festgelegten Definitionen, Ankerbeispiele und Kodierregeln ermöglichen eine eindeutige Zuordnung. Diese sind zusammen mit den Analyseeinheiten im Kodierleitfaden festgehalten.

K1 Verständnis politischer Bildung	K2 Eigene pädagogisch-politische Arbeit	K3 Sicht auf die Teilnehmer/ Menschenbild	K4 Dimension Lernort
Begriffsverständnis und Auslegung pB	Vermittlungs-intentionen und Lernziele im AK	Wahrgenommene Interessen und Beweggründe	Wirkungen von Lernorten allgemein
Bildungsauftrag und Intentionen pB allgemein	Vermittlungs-intentionen bereichsspezifisch	Gesellschaftliche und institutionelle Bedingungen für den AK	Wirkungen des Lernortes Hustedt im Besonderen
		Einfluss der Bedürfnisse auf die Seminargestaltung	

K5 Dimension Lernzeit	K6 Dimension Lernformen und Lernmethoden		K7 Dimension Lerninhalt
Wirkungen der sechs Wochen	Rolle der Dozenten/ Begleitung der TN	Schriftliche Ausarbeitung/ Textarbeit	Wirkungen von Lernorten allgemein
Seminaraufteilung	Seminarform	weitere Lernformen und Methoden	Verhältnis der Inhalte zueinander
Entschleunigung/ Zeit zum Lernen	selbstorganisiertes Lernen		Aufbau und Ablauf der Inhalte

K8 Dimension soziale Beziehungen und Beziehungs-strukturen	K9 Wirkungs-entfaltung
Soziale Beziehungen zwischen TN und Dozenten	Intensionale Wirkungen
Beziehungen innerhalb der Gruppe	Transintensionale und kontraintensio-nale Wirkungen
Langfristige Beziehungen und Netzwerke	

Abbildung 2: Kategoriensystem für die strukturierende Inhaltsanalyse

Das gesamte Material wurde mittels des Kategoriensystems ausgewertet. Um die Reliabilität der Analyse zu gewährleisten, wurden Teile des Materials von einem zweiten Auswertenden codiert (Intercoderreliabilität).

Anschließend erfolgte die Extraktion der Fundstellen über das Analyseprogramm f4 in eine Excel-Tabelle. Aus der Extraktion der Fundstellen wurde ergänzend eine Statistik über die Verteilung der Aussagen zu den einzelnen Kategorien erstellt. Gemäß dem Vorgehen einer zusammenfassenden Inhaltsanalyse wurde das Material paraphrasiert und dann in Unter- und Hauptkategorien zusammengefasst. Dieser Schritt wurde für alle Kategorien vorgenommen. Die anschließende Interpretation erfolgte nur für ausgewählte Kategorien, die sowohl bei der Beantwortung der Forschungsfrage zentral sind als auch Hinweise auf die Möglichkeiten des entwickelten Analyseinstrumentes geben. Dazu zählen die Kategorien *„eigene pädagogisch-politische Arbeit"* und *„Sicht auf die Teilnehmer/ Menschenbild"* sowie die Kategorie *„Wirkungsentfaltung"*.

7.4 Inhaltsanalyse der Teilnehmendeninterviews

Da dem Projekt ein subjektiver Wirkungsbegriff zu Grunde liegt, wird für die Auswertung der Teilnehmendeninterviews ein induktives Kategoriensystem als Grundlage für die Auswertung erstellt. Auf diese Weise werden die Auswertungskriterien sehr nahe am Material entwickelt und können die subjektiven Wirkungsdimensionen erfassen.

Vorab muss dafür ein Definitionskriterium festgelegt werden, welche Aspekte des Materials berücksichtigt werden sollen (Mayring 2000). Vor dem Hintergrund der Fragestellung der Studie lässt sich festhalten, dass ein breites Definitionskriterium angelegt werden muss. Folgendes wurde als Definitionskriterium festgelegt:

Im Mittelpunkt der Analyse steht die subjektive Wirkungsentfaltung von politischer Bildung am Beispiel der TeilnehmerInnen des Akademiekurses an der HVHS Hustedt. Dafür werden sowohl biografische Aspekte, die den Zugang zur politischen Bildung beeinflusst haben, als auch konkrete Handlungen oder gewerkschaftliche Positionen der TeilnehmerInnen berücksichtigt. Eingeordnet werden diese in Aussagen zur persönlichen und beruflichen Entwicklung.

Auch werden die Zielsetzung des Akademiekurses, das Interesse an politischer Bildung zu stärken und kritisches Denken zu fördern, sowie Aspekte der Seminargestaltung mit ihren subjektiven Bedeutungszuschreibungen erfasst.

Für die Auswertung des Materials wurde das von Mayring empfohlene Vorgehen gewählt (siehe Kapitel 7.2, Mayring 2010, S. 84f.). Nachdem etwa 15 % des Materials gesichtet wurden, wurde eine Reliabilitätsprüfung des Kategorienschemas vorgenommen. Es wurde geprüft, ob sich Überschneidungen in den Kategorien finden, ob die Logik stringent und ob sich eine Passung zur Fragestellung ergibt. Nach den vorgenommenen Veränderungen wurde das komplette Material noch einmal von vorne durchgearbeitet. Aus der induktiven Kategorienbildung haben sich 17 Kategorien ergeben (siehe Abbildung 3). Diese lassen sich grob vier Bereichen zuordnen.

Die ersten fünf Kategorien beziehen sich auf Aussagen, die auf der Subjektebene einen Bezug zu biografischen Ereignissen, zum Werdegang oder zur Entwicklung des politischen Bewusstseins aufweisen. Die Kategorien 6 bis 11 beziehen sich auf Aussagen zur Seminargestaltung, die erinnert werden oder denen eine Wirkung zugeschrieben wird. Die dritte Gruppe der Kategorien 12 bis 16 beschreibt die Wirkungsentfaltung in unterschiedlichen Bereichen. Schließlich werden noch die Vorstellungen der TeilnehmerInnen von politischer Bildung erfasst.

Nachdem das gesamte Material mit dem induktiven Kategorienschema ausgewertet wurde, erfolgte die Interpretation in zweierlei Weise. Zum einen wurden die Codierungen quantitativ ausgezählt, dies bezieht sich auf inhaltliche Häufigkeiten, semantische oder grammatikalische Aspekte werden nicht berücksichtigt. Im Zentrum der Auswertung stand die Verteilung der Häufigkeiten von Aussagen zu den jeweiligen 17 Kategorien. Zum anderen wurde eine zusammenfassende Inhaltsanalyse vorgenommen.

Die zusammenfassende Inhaltsanalyse soll einen Überblick über wesentliche Aussagen der TeilnehmerInnen zu den Untersuchungsdimensionen und der subjektiven Wirkungsentfaltung liefern und später in Bezug zum rekonstruktiv erarbeiteten, individuellen Entfaltungsraum gesetzt werden. Die Auswertung erfolgt mit einer Zusammenfassungsmaske (Excel-Tabelle),

Subjektebene	Seminarebene	Wirkungs-entfaltung	Vorstellungen von Politischer Bildung
K1 Biografischer Zugang zu politischer Bildung	K6 Aussagen zur Seminargestaltung	K12 Stärkung der Politischen Position	K17 Vorstellungen von politischer Bildung
K2 Biografische Lernerfahrungen	K7 Aussagen zu Inhalten des Akademiekurses	K13 Wirkungen auf Lernprozesse/ strukturiertes Arbeiten	
K3 Berufliche/ gewerkschaftliche Entwicklung vor dem Kurs	K8 Aussagen zu Methoden	K14 Wirkungen aufs Menschenbild	
K4 Berufliche/ gewerkschaftliche Entwicklung nach dem Kurs	K9 Aussagen zu Dozenten	K15 Veränderung von Denkprozessen, Ansichten	
K5 Motive für die Teilnahme	K10 Aussagen zur Zeitdimension/ den sechs Wochen	K16 Wissenserweiterung	
	K11 Aussagen zu den sozialen Beziehungen/der Gruppe		

Abbildung 3: Induktiv erstelltes Kategoriensystem für die zusammenfassende Inhaltsanalyse

welche Angaben zu den Fundstellen (Fall, Zeile), Nummer der Paraphrase sowie die Paraphrase, Generalisierung und Reduktion enthalten.

Insgesamt wurden 17 Kategorien erstellt. Diese lassen sich wie bereits beschrieben grob in vier Bereiche einteilen. Für die zentrale Forschungsfrage nach der Wirkungsentfaltung wurden jene Kategorien mit der zusammenfassenden Inhaltsanalyse ausgewertet, die einen Hinweis auf eine Wirkungsentfaltung enthalten. Dazu gehören die fünf Kategorien der Wirkungsdimensionen (Stärkung der politischen Position, Wirkungen auf

Lernprozesse/ strukturiertes Arbeiten, Veränderung von Denkprozessen/ Ansichten, Wirkungen aufs Menschenbild und die Wissenserweiterung). Ergänzend wurden der biografische Zugang zu politischer Bildung und die Teilnahmemotive zusammengefasst.

Für jede der ausgewählten Kategorien wurden die Schritte Paraphrasierung, Generalisierung und Reduktion vorgenommen. Dafür wurde jeweils das Abstraktionsniveau in der Zusammenfassungsmaske festgehalten (siehe Abbildung 4). Bei den Paraphrasierungen wurde eine eigene Nummer,

Kategorie: Vorstellungen von politischer Bildung				Abstraktionsniveau: Aussagen darüber, welche Vorstellungen die TN von politische Bildung allgemein haben	Zusammen-fassung der Paraphrasen (Bündelung, Konstruktion, Integration)
Nr.	Fall/TN	Zeile/n	Paraphrase	Generalisierung	Reduktion
2	Klaus	225-231	PB muss sich an den Bedürfnissen und Möglichkeiten der TN orientieren und sie einbinden	Aktive Beteiligung der TN: Beteiligungs- und Erkenntnis-orientierung	
1	Gerold	220-225	PB muss beteili-gungsorientiert sein, die Leute auffordern selbst etwas zu lernen und sie motivieren.	Aktive Beteiligung der TN: beteiligungs-orientiert	Als Grundprin-zipien der PB sehen die TN die Beteiligungs-orientierung und die Anforderung an die TN, Eigen-arbeit zu leisten und selber zu lernen. PB darf auch nicht belehrend sein, sie soll zu Denkprozessen anregen.
6	Gerold	309-312	PB muss die TN ak-tiv in den Unterricht einbinden.	Aktive Beteiligung der TN:beteiligungs-orientiertes Lernen	
4	Gerold	298-300	PB darf nicht beleh-rend sein, sie muss die TN aktivieren.	Aktive Beteiligung der TN: nicht beleh-rend	
2	Andre	338-345	PB muss aktivie-rende Methoden nutzen, zum Selber-lernen anregen.	Aktive Beteiligung der TN: TN Eigenar-beit leisten lassen	
3	Andre	349-350	Eigenes Erarbeiten als Grundprinzip von PB.	Aktive Beteiligung der TN: TN Eigenar-beit leisten lassen	
3	Tobias	336-339	PB muss zum Selbstlernen, zur ei-genen Auseinander-setzung anregen.	Aktive Beteiligung der TN: TN Eigenar-beit leisten lassen	

Abbildung 4: Kategorie: Vorstellungen von politischer Bildung

unabhängig von der Fundstelle, vergeben. Dies resultiert daraus, dass die Fundstellen teilweise sehr lang sind und sich darin mehrere, nicht gleiche Aussagen befinden. So wurde gegebenenfalls aus einer Fundstelle mehr als eine Paraphrase gewonnen.

Abschließend wurden die gewonnenen Aussagen vor dem Hintergrund der Fragestellung interpretiert. Die Ergebnisse finden sich in Kapitel 8.1.

Kategorie	Fundstellen
Biografischer Zugang zu politischer Bildung	112
Biografische Lernerfahrungen	31
Berufliche/gewerkschaftliche Entwicklung vor dem AK	69
Berufliche/gewerkschaftliche Entwicklung im Abschluss	44
Motive für die Teilnahme	36
Aussagen zur Seminargestaltung	22
Aussagen zu Inhalten des AKs	50
Aussagen zu Methoden	54
Aussagen zu DozentInnen	46
Aussagen zur Zeitdimension (sechs Wochen)	48
Aussagen zu sozialen Beziehungen (Gruppe)	75
Stärkung der politischen Position	40
Wirkungen auf Lernprozesse/strukturiertes Arbeiten	57
Wirkungen auf Menschenbild	26
Veränderungen von Denkprozessen/Ansichten	50
Wissenserweiterung	36
Vorstellungen von politischer Bildung	43

Tabelle 3: Verteilung der Fundstellen nach Kategorien

7.5 Beispielhafte rekonstruktive Analyse

Das Vorgehen der beispielhaften rekonstruktiven Analyse orientiert sich in weiten Teilen an Analyseschritten narrativer Interviews, wie sie bei Bernart & Krapp (2005, S. 43ff.) beschrieben sind. Die genannte Publikation wurde von den beiden Autorinnen mit dem Ziel angefertigt, detailliert Einblicke in Auswertungsschritte zu ermöglichen. Gerade in der konkreten

Darstellung von Auswertungsschritten narrativer Interviews liegen nach Ansicht der Autorinnen nur wenige Veröffentlichungen vor (ebd. S. 2). Ziel der rekonstruktiven Analyse ist es, Bedeutungs- und Wertzuschreibungen mit Hilfe des Interviewtextes zu rekonstruieren bzw. Zuschreibungsprozesse aus dem biographischen Hintergrund und dem damit verbundenen Selbstverständnis des Interviewten heraus nachvollziehbar werden zu lassen (vgl. Lucius-Hoene, Deppermann 2004, S. 9ff.).

Ausgehend vom Gesamtinterviewtext bis hin zur Detailanalyse der Codierung „Biografie: Zugang, Ausprägung politisches Interesse" ist das Vorgehen von einem Hin- und Herpendeln zwischen Gesamttext und Detail geprägt. Konkret gliederte sich das Vorgehen in folgende Schritte:

- *Inhaltsanalytische Codierung aller Textstellen* mit Bezügen zur Biografie und politischem Interesse bei allen Interviewpartnern (vgl. Kapitel 8)

- *Erstellen einer Rangliste* innerhalb der inhaltsanalytischen Auswertung (Umfang, Häufigkeit, Themen-Variation, vgl. Kapitel 8)

- Parallel dazu Erstellung von *Interviewverlaufsübersichten* aller Interviews

- *Auswahl der beiden Interviews* zur Rekonstruktion durch Vergleich der Codierungsranglisten, Interviewverlaufsübersichten und der angefertigten Themenmatrix

- An den ausgewählten Interviews: *Thematische Segmentierung*, Anfertigen von Segmentüberschriften anhand des *gesamten* Interviewtranskripts (vgl. Bernart & Krapp 2005, S. 45ff.). Die Segmentierung des Transkripts diente dazu, einen Gesamteindruck zu ermöglichen, um bei der nachfolgenden Detailanalyse der Kodierung „Biografie: Zugang, Ausprägung politisches Interesse" immer wieder auch den Gesamtkontext herstellen zu können. Dies geschah auch, um einer frühen, rein inhaltsanalytischen Abstraktion entgegenzuwirken.[17]

Beim zweiten Schritt der Analyse, der Detailanalyse der Codierung „Biografie: Zugang, Ausprägung politisches Interesse", wurden gleichfalls

---

17 Vgl. kritische Anmerkungen zur Inhaltsanalyse bei Kruse 2014, S. 407ff. – die notwendige Differenzierung zwischen *was* und *wie* etwas erzählt wird.

immer wieder Bezüge zum gesamten Interview hergestellt. Das Vorgehen gliederte sich folgendermaßen:

- Thematische Segmentierung, Anfertigen von zusammenfassenden Segmentüberschriften innerhalb der Kodierung „Biografie: Zugang, Ausprägung politisches Interesse"
- *Detailanalyse innerhalb der Segmente*: was wird an welcher Stelle wann angesprochen; *Wie* werden Inhalte, Begründungen etc. sprachlich dargestellt? Finden sich im Text auffallende Wiederholungen, besondere Begrifflichkeiten, Argumentationsmuster, Widersprüche? Bei der Detailanalyse sind immer wieder Rückbezüge (wie ist das Segment, die Aussagen in den Gesamttext eingebettet?) zu beachten.
- Erstellen einer *thematischen Übersicht* anhand der angefertigten Segmentüberschriften (vgl. nachfolgende rekonstruktive Darstellung)
- Wenn möglich *Clusterung der Segmentüberschriften*
- *Zusammenfassende Interpretation der Detailanalyse* anhand der Clusterung
- Wenn möglich: *Darstellung eines Hauptthemas* (abgeleitet aus der Detailanalyse mit Rückbezügen zum Gesamtinterviewtranskript)
- *Biographische Einbettung zugeschriebener Wirkungen*: Interpretation der inhalts-analytisch gewonnenen Aussagen der Kategorie „Wirkungen des Akademiekurses" anhand der zuvor dargestellten zusammenfassenden Detailanalyse der Kodierung „Biografie: Zugang, Ausprägung politisches Interesse" (vgl. die beiden Rekonstruktionen Ralf und Eric)
- *Gesamtauswertung der beiden Rekonstruktionen*, Bezüge und Vergleiche mit Ergebnissen der durchgeführten inhaltsanalytischen Gesamtauswertung. Beschreibung des daraus abgeleiteten Entfaltungsraums/-hintergrunds – Einbettung der inhaltsanalytisch gewonnenen „Wirkungszuschreibungen" (vgl. Kapitel 8.2).

8. Ergebnisse

8.1 Ergebnisse der Qualitativen Inhaltsanalyse

Die Inhaltsanalyse bietet Einsichten in die Wirkungsentfaltung aus Sicht der TeilnehmerInnen und auf die Gestaltung der Lehr-Lern-Situation und die intentionale Wirkung[18] aus Sicht der Dozierenden. Die Ergebnisse sollen im Folgenden vorgestellt werden.

8.1.1 Wirkungszuschreibungen der Teilnehmenden

Die Fundstellen aus den Interviews verteilen sich recht gleichmäßig über die Bereiche der Subjektebene (K1 bis K5, 35 %) und der Wirkungsentfaltung (K12 bis K16, 25 %) sowie der Seminarebene (K6 bis K11, 25 %), etwa 5 % der Fundstellen betreffen die Vorstellungen zu politischer Bildung. Das Gewicht der ersten drei Bereiche ergibt sich durch die darunter gefassten Kategorien.

Für die Beantwortung der Wirkungsfrage sind primär jene Kategorien relevant, die sich auf die Wirkungsentfaltung beziehen. Zu den Wirkungen des Kurses auf Lernprozesse und das strukturierte Arbeiten finden sich die meisten Angaben (27 %), gefolgt von Aussagen zu Veränderungen von Denkprozessen und Ansichten (24 %) und der Stärkung der politischen Position (19 %).

Die Aussagen über den Zugang zur politischen Bildung umfassen insgesamt die meisten Fundstellen (112), was sich unter anderem durch die biografischen Erzählungen in den Interviews mit den älteren Teilnehmenden ergibt. Ebenfalls viele Fundstellen betreffen die betrieblich-gewerkschaftlichen Entwicklungen der TeilnehmerInnen vor und nach dem Kurs. Diese fließen in die rekonstruktive Auswertung mit ein.

Zur Seminargestaltung finden sich, bis auf eine Ausnahme, viele Stellen in den Interviews (siehe Tabelle 3 oder Abbildung 5). Dies zeigt, dass sich alle TeilnehmerInnen, wenn auch mit unterschiedlichen Schwerpunkten, noch Jahre später an bestimmte didaktische Aspekte der Lehr-Lerngestaltung erinnern können.

---

18 Intentionale Wirkungen, als programmatisch gestaltete Lehr-/Lernkulturen, die einer kausalen didaktischen Logik folgen mit der entsprechenden subjektiven Ergebnisrealisierung bei den Teilnehmenden (vgl. Sievers/Robak 2011, S. 54f.).

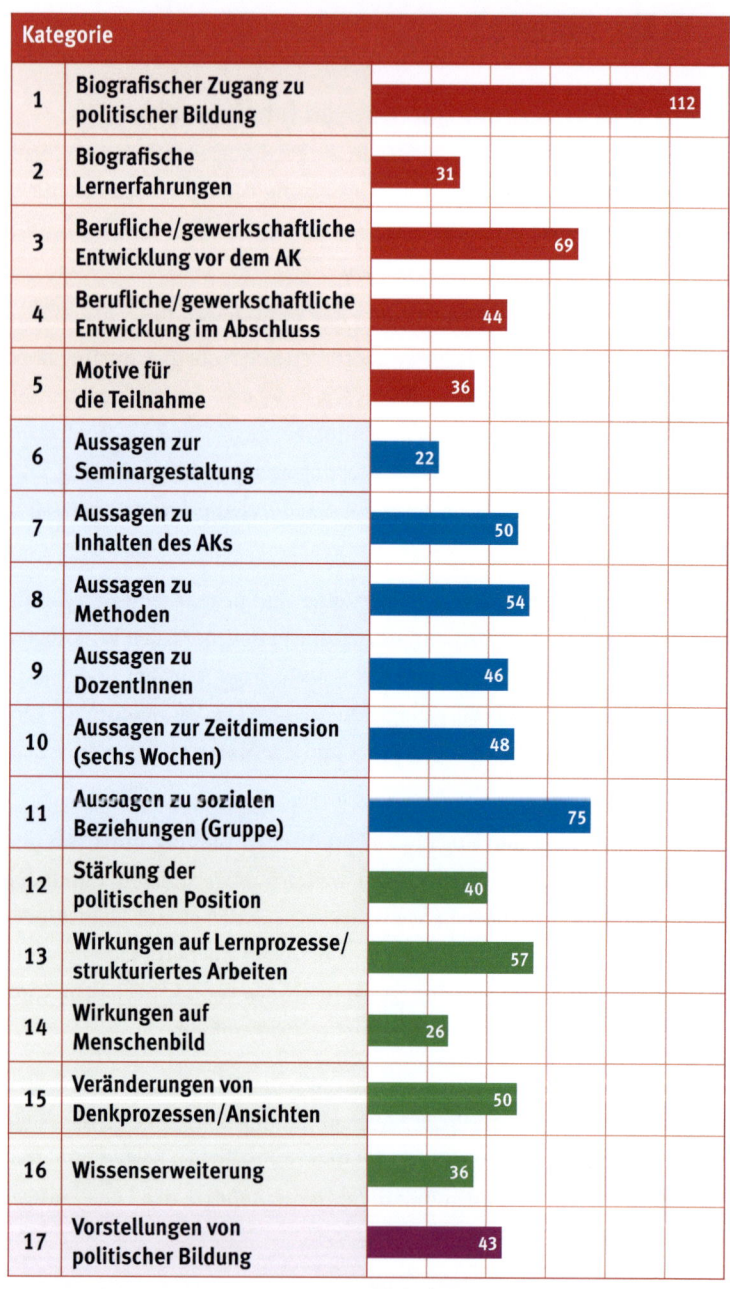

Kategorie							
1	Biografischer Zugang zu politischer Bildung						112
2	Biografische Lernerfahrungen	31					
3	Berufliche/gewerkschaftliche Entwicklung vor dem AK			69			
4	Berufliche/gewerkschaftliche Entwicklung im Abschluss		44				
5	Motive für die Teilnahme	36					
6	Aussagen zur Seminargestaltung	22					
7	Aussagen zu Inhalten des AKs		50				
8	Aussagen zu Methoden		54				
9	Aussagen zu DozentInnen		46				
10	Aussagen zur Zeitdimension (sechs Wochen)		48				
11	Aussagen zu sozialen Beziehungen (Gruppe)			75			
12	Stärkung der politischen Position	40					
13	Wirkungen auf Lernprozesse/ strukturiertes Arbeiten		57				
14	Wirkungen auf Menschenbild	26					
15	Veränderungen von Denkprozessen/Ansichten		50				
16	Wissenserweiterung	36					
17	Vorstellungen von politischer Bildung		43				

Abbildung 5: Verteilung der Fundstellen nach Kategorien

Im Folgenden soll auf einzelne Kategorien, die mit der zusammenfassenden Inhaltsanalyse ausgewertet wurden, noch näher eingegangen werden. Dabei wird ein Bezug zur Forschungsfrage hergestellt und auf hervorstechende Aspekte oder Unterschiede zwischen den Befragten aus dem aktuellen und den vorangegangenen Kursen eingegangen.

Ergebnisse zu Kategorien der Subjektebene

Nachfolgend werden für die einzelnen Kategorien die gewonnenen Ergebnisse aus den Aussagen zunächst grafisch dargestellt und anschließend im Einzelnen erläutert und mit Zitaten aus den Teilnehmendeninteriews verdeutlicht.

K5. Motive für die Teilnahme

Mit dieser Kategorie wurden die Aussagen der TeilnehmerInnen für ihre Teilnahme am Akademiekurs erfasst. Darin werden vielfältige Motive sichtbar, die sowohl im persönlichen als auch im betrieblich-gewerkschaftlichen Bereich angesiedelt sind. Durch die Reduktion lassen sich insgesamt sieben Aspekte ausmachen, wobei teilnehmerübergreifend Schwerpunkte auftreten.

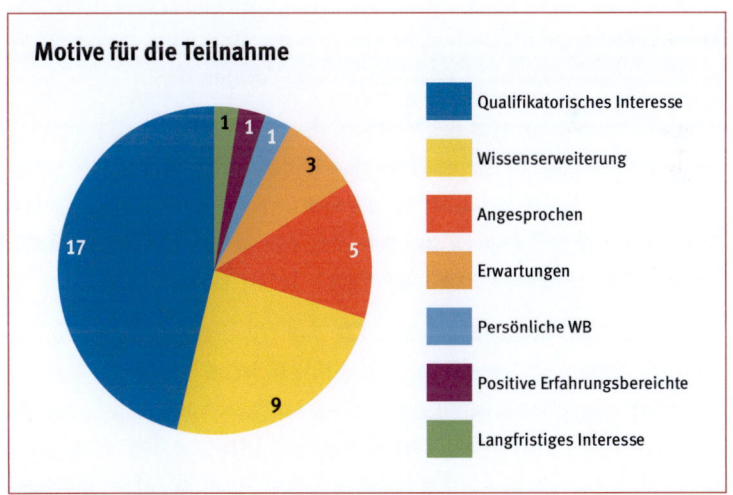

Abbildung 6: Verteilung der Aussagen zu den Teilnahmemotiven

In den Interviews finden sich 36 Aussagen (in 35 Fundstellen) bei elf Teilnehmenden. Knapp die Hälfte der Aussagen bezieht sich darauf, dass die Teilnahme am Akademiekurs im Rahmen einer (gewerkschaftlichen) Qualifizierung stattfindet. Dabei wird der Kurs als Vorbereitung für ein[0] zukünftiges gewerkschaftliches Amt besucht. Genannt werden eine Tätigkeit als Betriebsrat, als Vertrauenskörperleitung oder die Teilnahme am Akademiekurs als Teil einer Referentenausbildung für die Gewerkschaft. Es werden von den Teilnehmenden sowohl ein persönliches Interesse an dieser Vorbereitung als auch die Empfehlung einer Teilnahme durch andere Gewerkschafter angesprochen.

„Der andere Punkt war auch noch der, man konnte sich einfach auch selber ein bisschen ausprobieren. Wie wirkt man auf andere? Wie trägt man vor? War für mich damals wichtig, solche Themen zu machen und.. oder wie agiert man? Ich war damals Kurssprecher. Wie geht man mit [Person] um als Chef vom Haus damals? Wie kriegt man ganz bestimmte Dinge geregelt? Für mich war das an vielen Stellen so eine Art (..) Probierwiese für meine zukünftige Tätigkeit als Betriebsrat." (Eric, Z. 27 bis 30)

Formulierungen wie *„um den Job besser zu machen"* (Sebastian, Z. 20) und die Beschreibung des Kurses *„als eine grundsätzliche Voraussetzung für unsere Arbeit"* (Gerold, Z. 9-10) verdeutlichen ebenfalls, dass hinter der Teilnahme ein qualifikatorisches Interesse im Sinne einer Vorbereitung auf eine gewerkschaftliche oder betriebliche Position steht.

Am zweithäufigsten wird der Wunsch, das eigene Wissen zu erweitern, genannt (9 Aussagen). So berichtet eine Teilnehmerin, dass sie teilnahm mit dem Ziel, *„ja, konkretes Ziel eigentlich in dem Sinne, für mich persönlich hatte ich nur mein Wissen zu erweitern, 'ne. Was danach kommt, entscheide ich dann eher spontan oder bis heute noch* (lacht)" (Elke, Z. 31-33).

Bei drei der fünf TeilnehmerInnen, die eine Wissenserweiterung als Anreiz ansprechen, finden sich auch qualifikatorische Interessen, was auf eine Verbindung zwischen diesen beiden Motiven hindeutet. So wurde beispielsweise Tobias gefragt, ob er Interesse hätte, an dem Akademiekurs teilzunehmen, was sich gut mit seinen eigenen Bildungsinteressen deckte. *„Ich hatte wie gesagt da Interesse, ich hab da vorher auch schon IG-Metall-Seminare reihenweise besucht – kommen wir ja noch zu – also Jugendseminare und, und, und. Und ja, das war ja auch ein stückweit eine,* *ja positive Wertschätzung oder eine Ehre, dass man da überhaupt in den Fokus gerät und angesprochen wird (...)"* (Tobias, Z. 32-36).

Neben Tobias beschreiben noch drei weitere TeilnehmerInnen, dass sie durch einen Impuls von außen, einen Vorschlag von Seiten der Gewerkschaft, auf den Kurs aufmerksam geworden sind (5 Aussagen). Zum einen wird dies als Wertschätzung für die eigene geleistete Arbeit betrachtet, zum anderen wurden die Personen dazu angeregt, sich mit dem Konzept auseinanderzusetzen (z. B. Philip, Z. 10-11) und haben festgestellt, dass dieser Kurs zu ihrem Anspruch an (politische) Bildung passt.

Bei drei Teilnehmenden gab es ergänzend spezifische Erwartungen an den Kurs. Diese sind sehr unterschiedlich und decken sich nur teilweise mit dem Konzept und den Lernzielen. Dies konnten die TeilnehmerInnen im Verlauf auch feststellen. *„Ja, eigentlich habe ich auch gedacht, dass man mehr so... Dass es schon mehr so in Betriebsratsarbeit geht, Arbeitsrecht und solche Sachen abhandelt. Hmm (.) Aber gut... (..) Ja, da war ich jetzt ein bisschen überrascht, das.. Ich habe mir das auch ehrlich gesagt, als ich die Aufstellung gelesen habe, was abgehandelt wird, habe ich gedacht, naja das verbirgt sich da irgendwo drin. Nun gut."* (Tanja, Z. 24-27)

Dazu kommen persönliche Gründe einer Teilnahme, wie ein schon länger bestehendes Interesse an dem Kurs oder der Wunsch nach persönlicher Weiterbildung (je 1 Aussage).

In der Kategorie Motive für die Teilnahme wird deutlich, dass sich in der Gruppe der Interviewten übergreifend eine hohe Qualifikationsbereitschaft und der Wunsch nach einer Weiterbildung, die sich für die betriebliche Arbeit anwenden lässt, findet. Dazu kommt in fast allen Fällen auch ein persönliches Interesse, sei es an einer Form der politischen oder persönlichen Weiterbildung oder der Wunsch, an bisheriges Wissen anzuknüpfen und den eigenen Wissensstand zu erweitern. Diese Aussagen bilden nur einen Teil der Entwicklungen ab, die schließlich zu einer Teilnahme am Akademiekurs geführt haben. Weitere Hinweise finden sich in den Aussagen zur Entwicklung des politischen Interesses (K1. Zugang zu politischer Bildung) und in der rekonstruktiven Auswertung.

Ergebnisse zu Kategorien der Wirkungsentfaltung

Die Ergebnisse aus den Kategorien 12 bis 16 bilden das Zentrum bei der Beantwortung der Frage nach der Entfaltung der Wirkung von politischer Bildung in Bezug auf die Einstellung zu Lernprozessen, der Wahrnehmung von politischen Funktionen oder der persönlichen Entwicklung. Zudem lässt sich in den Aussagen an einigen Stellen ein Bezug zu Ausprägungen der Lehr- und Lernkultur im untersuchten Kurs herstellen.

K12. Stärkung der politischen Position

Wie bereits in Kapitel 3 angesprochen, ist die Unterstützung zur eigenen politischen Meinungsbildung und Handlungsfähigkeit ein zentrales Ziel des Akademiekurses. Insgesamt machen 13 von 14 Teilnehmenden Aussagen darüber, wie sich ihre politische Position und ihr politisches Handeln im Anschluss an den Kurs verändert bzw. verstärkt hat. Durch die Reduktion werden elf Aspekte sichtbar, die auf eine Stärkung der eigenen politischen Position Hinweise geben.

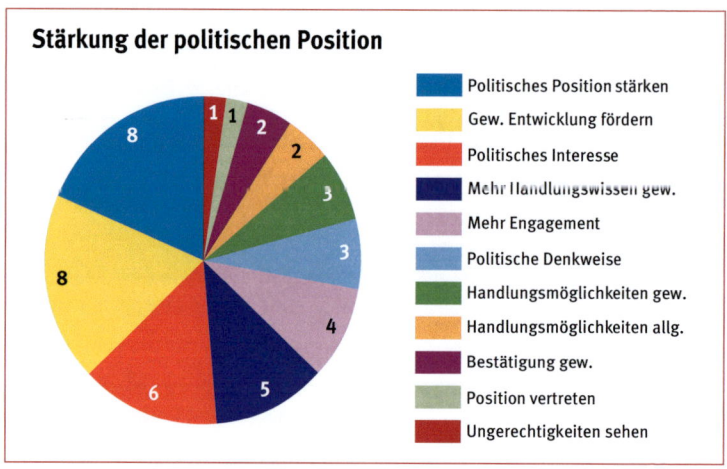

Abbildung 7: Verteilung der Aussagen zur Stärkung der politischen Position

Fünf der Teilnehmenden geben an (8 Aussagen), dass sich ihre politische Haltung durch den Kurs verstärkt hat. Ihre, in den meisten Fällen schon vorher bestehende, politische Position wurde in dem Kurs bestätigt und hat dazu beigetragen, diese noch zu klären und zu vertiefen. *„Das ist mir wichtig gewesen und man muss dann natürlich aber auch für bestimmte*

Positionen dann eben kämpfen. Aber vom Grundsatz her sind die Positionen eigentlich bestätigt worden, die ich hatte, und die waren eben nie auf der Ebene, das jetzt.. also eher antikapitalistische Einstellungen da gewesen oder Kapitalismus kritisch, oder wie man das auch umschreiben will. Das ist da ein stückweit bestätigt worden, weil man ja eben auch gesehen hat dieses Wirtschaftsmodell, Gesellschaftsmodell hat sehr viele.. oder es treten halt sehr viele Probleme dort zu Tage und das haben wir ganz gut, denke ich, in den einzelnen Abschnitten, ganz gut vertieft auch noch mal" (Tobias, Z. 225-231).

So wie Tobias sprechen auch andere Teilnehmende an, dass der Akademie-kurs *„geklärt"* (Ines, Z. 58), die eigene Position *„gefestigt"* (Philip, Z. 325/ Tanja, Z. 131) und sie insgesamt *„bestärkt"* (Tanja, Z. 130) bzw. *„bestätigt"* hat (Tobias, Z. 220). Eine Teilnehmerin beschreibt sogar, dass sich diese ausgeprägte politische Haltung zu einem wesentlichen Bestandteil ihrer Person entwickelt hat, durch welche sie sich auszeichnet und welche auch von ihrem Umfeld gewürdigt wird. *„Ich will nicht sagen, das gipfelt mit dem 6-Wochenkurs, sondern das ist ein Teil von dem, was man dann so durchmacht. Und heute kann, kann man's ja gar nicht mehr anders vor-stellen. Die kennen mich inzwischen auch gar nicht mehr anders, die Leute"* (Ines, Z. 08-210).

Insgesamt fünf Teilnehmende geben an, dass sich durch den Kurs auch ihr generelles politisches Interesse und das Interesse an politischen The-men verstärkt haben, was sich in der Wahl der Informationsmedien zeigt (Elke, Z. 279-281). So hat der Kurs angeregt, sich mit mehr Themen aus-einanderzusetzen, und dazu geführt, dass sich bei den Teilnehmenden das politische Interesse ausgeweitet hat. *„Ich war zwar schon immer ein bisschen politisch interessiert, aber noch nie so wie nach dem 6-Wochenkurs, ne. Sei es jetzt, was das Soziale betrifft, sei es, was Wirtschaft betrifft, sei es, was hier die Arbeit vor Ort betrifft, 'ne"* (Rolf, Z. 233-235). Dazu zählt auch eine stärker politisch ausgerichtete Denkweise (3 Aussagen), die sich vom bisherigen arbeitsbezogenen Denken unterscheidet und neue Perspektiven eröffnet (Ralf, Z. 56-58) und sich auch im Alltag im kritischen Umgang mit Informationen oder in Diskussionen zeigt (Ines, 170-175).

Eine ausgeprägte politische Haltung hat auch das Engagement für die Gewerkschaft angeregt, wie in acht Aussagen von drei Teilnehmenden deutlich wird. Durch die politische Einstellung hat sich ein Willen zum politischen Handeln verfestigt, der sich auch noch über viele Jahre nach dem Kurs zeigt, z. B. in der Aussage einer Teilnehmerin, die immer wieder zur Gewerkschaftsarbeit zurückgekehrt ist *und plötzlich war man dann wieder Vertrauensfrau. So ganz die Finger konnte man doch nicht lassen"* (Ines, Z. 118). Übergreifend finden sich Aussagen dazu, dass der Kurs eine wichtige Station der gewerkschaftlichen Entwicklung war, aus dem sich die Entwicklung im Anschluss ergeben hat: *"aber ich hab gesagt 'ne, Betrieb macht mir eigentlich mehr Spaß, man will ja auch, dass seine politische Arbeit auch eine Wirkung hat"* (Tobias, Z. 534-535).

Dieses Zitat verdeutlicht, dass sich im Anschluss an den Kurs nicht alleine die politische Haltung, sondern auch der Willen zum politischen Handeln verstärkt hat. Das politische Handeln wurde dadurch möglich, dass die Teilnehmenden nach eigenen Aussagen (4 TN, 5 Aussagen) mehr Handlungswissen für ihre gewerkschaftliche Arbeit bekommen haben. Das im Kurs erarbeitete Wissen über Rahmenbedingungen und Hintergründe von betrieblicher und gewerkschaftlicher Arbeit ermöglicht mehr Verständnis für Strukturen und Prozesse und war zugleich eine wichtige Vorbereitung auf die angestrebten Positionen. *"Einfach das hilft den Menschen aus ihrem Arbeitsleben heraus in Richtung – wir werden jetzt irgendwo Verantwortung übernehmen – oder übernehmen müssen. Wir wollen "Vorturner" sein, wir möchten die Zielrichtung vorgeben, wir möchten Orientierung geben, wir müssen Orientierung geben. Und dazu ist das sicherlich eine Basis. Oder kann es von einem Teilnehmer als Basis benutzt werden, um das ein oder andere für sich klar zu kriegen. Wie was funktioniert"* (Ralf, Z. 420-424). *Die Teilnehmenden wollen dieses Wissen aber nicht alleine für sich nutzen sondern sehen in ihrer Funktion auch die Aufgabe, "dass man da viel kritischer ist, viel mehr informiert, aufklärt über Sachen"* (Tanja, Z. 192-193).

Doch nicht nur ihr neues Handlungswissen, auch die daraus ersichtlichen Handlungsmöglichkeiten wurden genutzt. So berichten zwei Teilnehmende (3 Aussagen), dass sie den Handlungsspielraum der Gewerkschaften gegenüber der öffentlichen Politik abgrenzen und vor allem genutzt haben: *"Und da ging es auch so ein bisschen, was macht der DGB im Wahlkampf. [...] Eh, wir sind hier ein paar Millionen Leute, die in Gewerkschaften engagiert*

sind, mit ihren Familien sind es sogar noch ein paar Millionen mehr, die da
stimmenberechtigt sind, und ihr lauft immer hin und fragt, was können wir
für euch tun, was können wir für euch tun. Dreht den Spaß mal um: frag
nicht, was kannst du für die Partei tun, sondern was kann die Partei für
uns tun, damit wir sie wählen" (Viktor, Z. 295-300).

Der Kurs ermöglicht nach Ansicht der Teilnehmenden Einsichten in Zusammenhänge und Verknüpfungen. Sie haben neue Handlungsmöglichkeiten kennen gelernt (2 Aussagen) und erkannt, dass sie *„in der Position*
sind, da auch ein Stück weit was zu machen" (Svenja, Z. 155-156).

Auch außerhalb der betrieblichen Sphäre hat sich, insbesondere bei den
aktuellen Teilnehmenden aus 2014, im Anschluss an den Kurs der Wunsch
nach mehr politischem Engagement verfestigt (4 Aussagen), insbesondere
in der Region oder dem eigenen Stadtteil. Eine Teilnehmende formuliert
dies in ihrer Grundeinstellung, *„halt auch so zu Hause einfach auch zu*
gucken, wo kann ich mich noch irgendwo einbringen" (Svenja, Z. 169).

Der Kurs mit dem Zusammenspiel der oben genannten Faktoren war für
zwei Teilnehmende eine Bestätigung ihrer gewerkschaftlichen Arbeit (2
Aussagen) und für einen zugleich eine Möglichkeit, die eigene Position dort
besser vertreten zu können. Einer Teilnehmerin sind durch die Inhalte
Mechanismen der ungerechten Verteilung bewusst geworden, auf welche
sie genauer achten will.

In den Aussagen der Teilnehmenden zeigt sich, dass der Akademiekurs
durch seinen inhaltlichen Aufbau das politische Interesse der Teilnehmer
und eine politische Denkweise fördern konnte. Zugleich wurden sie in ihrer
politischen Haltung bestätigt und bestärkt und haben sich im Anschluss
gewerkschaftlich mehr engagiert und eingebracht. Bei den Teilnehmenden
aus den älteren Kursen zeigt sich diese Entwicklung im Anschluss an
ihren Berichten über politisches Handeln und an den Anzeichen einer
verstärkten politischen Denkweise. Bei den aktuellen TeilnehmerInnen
wird vor allem der starke Wunsch nach mehr Engagement sichtbar, sie
wollen sich und ihr Hintergrundwissen einbringen. Dies unterstreicht die
anregende Wirkung („Katalysator"), welche auch von älteren Teilnehmenden beschrieben wird.

K13. Wirkungen auf Lernprozesse und strukturiertes Arbeiten

Ein weiterer wesentlicher Bestandteil des Kurses ist es, den Teilnehmenden verschiedene Methoden und Techniken, das Lernen als Prozess wieder zugänglich zu machen und eine Grundlage für lebenslanges Lernen zu schaffen. In den Aussagen der Teilnehmenden wird deutlich, dass der Kurs durch seine Konzeption in diesem Bereich langfristige Wirkungen bei allen Interviewten hinterlassen hat.

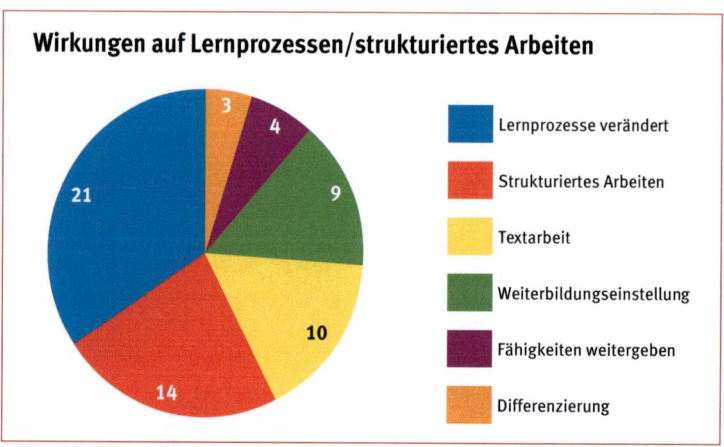

Abbildung 8: Aussagen zu Lernprozessen und strukturiertem Arbeiten

Neun TeilnehmerInnen machen Aussagen dazu, wie sich durch den Kurs ihre Einstellungen und Möglichkeiten des Lernens verändert haben (21 Aussagen). Dabei sticht besonders hervor, dass sie wieder gelernt haben, zu lernen *„und das war einfach so, das war für mich der erste Eindruck: man lernt wieder das Lernen. Das war das Erste. Besonders in der Woche, als es auch um Methoden ging und äh, ja. Hauptsächlich eigentlich um Methoden, ne. Und das war schon mal eine sehr gute Erfahrung"* (Rolf, Z. 6-9). Diese Form des Lernens erwies sich bei einigen TeilnehmerInnen am Anfang als ungewohnt, da sie im normalen Arbeitsalltag nicht abverlangt wurde. Durch wieder bewusst gewordene Fähigkeit des Lernens hat sich die Einstellung einiger TeilnehmerInnen verändert, so dass sie auch wieder mehr Vertrauen in ihre Fähigkeiten bekommen haben, *„da hat man, einfach gemerkt, ,du bist nicht zu alt, um zu lernen'"* (Ines, Z. 66-67) sowie der Wunsch, zu lernen und sich weiterzubilden, erneut angeregt wurden. Diese Verankerung der Einstellung und der Techniken hat sich langfristig als bedeutender Faktor für die gewerkschaftliche Entwicklung erwiesen, wie die Aussage von Tobias verdeutlicht: *„Das hat mir sehr viel.. also hat mir wirklich viel gebracht. Und hat auch ein stückweit.. hab ich vielleicht noch nicht erwähnt, ein stückweit Selbstbewusstsein auch gegeben, dass man sich mit diesen Sachen auseinandersetzen kann. [...] Und man ist ja nicht dämlich oder so, sondern politische Bildung befähigt einen halt auch – oder gewerkschaftliche Bildung – eben, dass man sich diese Sachen auch erarbeiten kann. Und das hat mir zusammenfassend deutlich was gebracht. Ich will jetzt nicht pathetisch werden, aber ich denke mal das hat einen großen Teil auch der Bildungsbiografie, oder dann auch der beruflichen Entwicklung sehr positiv beeinflusst.“* (Tobias 410-419)

Bei sechs älteren Teilnehmenden finden sich Hinweise, dass die Techniken sich langfristig etabliert haben und auch Anwendung in ihrer Arbeit gefunden haben. Dasselbe gilt spezieller noch für die Techniken, die strukturiertes Arbeiten ermöglichen (14 Aussagen). Dort hat der Kurs bei vielen TeilnehmerInnen eine Grundlage geschaffen, sicherer und systematischer an Sachverhalte oder Texte heranzugehen: *„Ne, da ich persönlich für mich weiß, dass ich sehr unstrukturiert bin oder war, aber da auch zu gucken, aha da geht´s lang. So strukturierst du dich, da musst du mal gucken, wie kriegst du da einen roten Faden und wie kommst du da auch wirklich auf deine Inhalte, die du vermitteln willst. Doch. Hab ich eine Menge mitgenommen"* (Svenja, Z. 179-183). In den Aussagen der älteren TeilnehmerInnen werden bezüglich des strukturierten Arbeitens auf lange Sicht zwei Dinge deutlich. Zum einen wurde in dem Kurs eine Grundlage geschaffen, die später noch ausgeweitet wurde (*„Heutzutage würd ich das ein wenig anders machen, sehr ausführlicher, etwas strukturierter"*, Tobias, Z. 189-190) und zum anderen, dass diese Techniken für eine erfolgreiche Gewerkschaftsarbeit prägend waren: *„Also ich würd zusammenfassend sagen, mir persönlich hat das unheimlich geholfen, eben systematischer Texte zu bearbeiten, Positionen zu verstehen. [...] Das hat mir unheimlich geholfen, auch wenn danach ich eben auch mal paar Zusammenfassungen geschrieben habe, gerade auch für die Betriebsratsarbeit"* (Tobias, 398-402).

Eine der zentralen vermittelten Methode, wie auch schon in dem Zitat von Tobias angedeutet wird, ist der Umgang mit Texten. Acht der älteren

TeilnehmerInnen geben an, dass sie von der intensiven Textarbeit noch heute profitieren (10 Aussagen). Sie haben im Umgang mit Texten neue Lesetechniken erworben, können wesentliche Inhalte herausarbeiten sowie Argumentationen nachvollziehen und selber aufstellen. *„Es ging nicht nur um die Inhalte, sondern wie erarbeite ich mir diese Inhalte. Und das ist ja mein tägliches Leben. Wir kriegen hier Texte oder Artikel und was hol ich da für mich raus und was geb' ich da auch weiter. Man liest.. Man nimmt das bewusster wahr, was man so hört und was man mitnimmt. Das ist aber auch seit dem 6-Wochenkurs so, find ich. (..) Da ist man sensibler geworden (..)"* (Ines, Z. 162-166). Auch ein weiterer Teilnehmer weist darauf hin, dass er noch heute beim Lesen von Artikeln auf Quellen, Zitate und Argumentationen achtet (Gerold, Z. 63-80). Diese differenzierte Sichtweise auf Texte und Argumentationen wird noch von zwei weiteren Teilnehmenden angesprochen (3 Aussagen).

Zusammengenommen haben die Techniken im Umgang mit Texten und Themen sowie die Fähigkeit und der Mut, wieder zu lernen, auch die Einstellung zu Weiterbildung im Anschluss an den Kurs positiv beeinflusst. Darüber berichten sieben Teilnehmende aus vorangegangenen Jahren (9 Aussagen). Indem die Bereitschaft zum Lernen wieder angeregt wurde, kamen im Anschluss Gedanken auf, sich weiterzubilden. Diese liegen auch in dem Gefühl begründet, dass der Akademiekurs die nötigen Voraussetzungen dafür geschaffen hat: *„Das ist so zu sagen ein stückweit – ich möcht's bald als Sahnehäubchen entsprechend betrachten. Ich kann mir auch vorstellen, dass dieser Kurs seiner eigentlichen Bedeutung halt eben wirklich gerecht wird als, wie gesagt, als Vorbereitung für akademisches Arbeiten. Vor allen Dingen für Leute, die das eben nicht halt von der Schule gewohnt sind. Das ist, glaub ich, so das aus meiner Sicht – sollte das die Zielrichtung entsprechend mit sein"* (Gerold, Z. 168-172).

Gerold spricht hier an, was viele TeilnehmerInnen berichten, dass der Akademiekurs auch für ein Studium an der „Akademie der Arbeit"[19] oder dergleichen qualifizieren soll bzw. qualifiziert hat. So ist auch ein neuer Teilnehmer mit der Information gekommen, der Kurs *„befähigt dich, dann hinterher irgendwie studieren zu dürfen"* (Philip, Z. 39-40). Grundsätzlich

---

19 Vgl. http://www.europaeische-akademie-der-arbeit.de/

hat der Kurs auf die Einstellung zu lebenslangem Lernen eine Wirkung gehabt und im Anschluss zu Bildungsprozessen angeregt, die auf unterschiedliche Weise umgesetzt wurden. Interessant ist, dass oftmals die konkreten Inhalte des Kurses hinter den Methoden zurückstehen und die Teilnehmenden vielmehr zusammenfassend von einem neu gewonnenen Orientierungs- und Zusammenhangswissen berichten (vgl. Kategorie 16, Wissenserweiterung, Abb. 11).

Neben der Verwendung der erlernten Techniken für die eigene Entwicklung beschreiben auch vier TeilnehmerInnen, dass sie diese in eigenen Seminaren oder Diskussionen versuchen weiterzuvermitteln (4 Aussagen). Dabei zeigt sich eine Mischung aus didaktischen Methoden (Elke, Z. 214-216/ Rolf, Z. 308-317) und den Möglichkeiten, Inhalte durch die Verinnerlichung gut vermitteln zu können (Tobias, Z. 501-504).

Im wesentlichen verdeutlichen die Aussagen dieser Kategorie, dass durch den Akademiekurs die Bereitschaft und die Möglichkeiten zum Lernen wieder angeregt wurden. Insbesondere die Methoden, z. B. der Umgang mit Texten oder eine differenzierte Sichtweise auf Themen und Argumentationen, zeigen ihre Wirkung. Dadurch haben die TeilnehmerInnen mehr Mut und Selbstvertrauen für ihre gewerkschaftliche Arbeit sowie für Weiterbildungsprozesse allgemein gewonnen.

Auf die Veränderungen der Lernprozesse und des strukturierten Arbeitens nehmen verhältnismäßig mehr alte TeilnehmerInnen Bezug (51 von 57 Fundstellen). Dies kann als Hinweis gelesen werden, dass sich die Methoden langfristig im Arbeitsalltag etabliert und dort Anwendung auf unterschiedlichen Ebenen gefunden haben.

K14. Veränderungen des Menschenbildes

In den Interviews finden sich Textstellen, die sich darauf beziehen, wie durch die Inhalte und den Kurs im Ganzen die Einstellung zu Menschen oder das Verständnis für Entscheidungen oder Prozesse verbessert wurden. Die Veränderungen sind sehr individuell, daher weist die Kategorie trotz der Reduktion viele Teilbereiche auf (siehe Abbildung 9).

Von den 14 interviewten TeilnehmerInnen sprechen fünf an (6 Aussagen), dass sie durch den Kurs ein besseres Verständnis für menschliche Verhal-

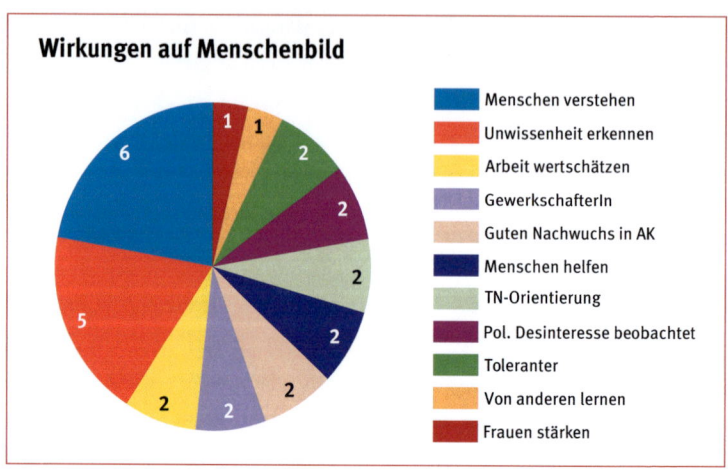

Wirkungen auf Menschenbild

- Menschen verstehen
- Unwissenheit erkennen
- Arbeit wertschätzen
- GewerkschafterIn
- Guten Nachwuchs in AK
- Menschen helfen
- TN-Orientierung
- Pol. Desinteresse beobachtet
- Toleranter
- Von anderen lernen
- Frauen stärken

Abbildung 9: Wirkungen aufs Menschenbild

tensweisen entwickelt haben. Dabei werden besonders die soziologischen Inhalte mit ihrem Beitrag für eine differenzierende Sichtweise erwähnt mit der Folge, mehr Hintergrundwissen zu besitzen, um Verhalten zu verstehen und zu deuten. Diese Erkenntnisse werden auch als wichtige Ergänzung zu den bisherigen Tätigkeiten als Arbeiter betrachtet (z. B. Rolf, Z. 235-240), da die Fähigkeiten im Umgang mit Menschen besonders für die Gewerkschaftsarbeit von Bedeutung sind. *„Also wenn ich das mal auf meine Arbeit an sich und meine Arbeit als Vertrauensfrau nochmal zurückspiegle oder sag, okay, wenn ich wirklich Sitzungsleitungsarbeit machen will irgendwann, ist das so, dass ich aus der Soziologie-Woche ganz viel mitgenommen habe, wie Menschen ticken und funktionieren, dass man da anders drauf guckt"* (Svenja, 230-233). In der Arbeit hat sich dies auch darin gezeigt, dass nicht alle Aussagen von Funktionären fraglos hingenommen und akzeptiert werden (Ralf, Z. 405-412).

Eine weitere Folge des Kurses ist, dass die Teilnehmenden ein sensibleres Gespür für die Verteilung und den Umgang der Menschen mit Wissen und Informationen entwickelt haben. Der Kurs hat Einsichten in Zusammenhänge vermittelt, welche von anderen Menschen nicht gesehen werden. Dieser Zustand wird beschrieben als *„Unwissenheit"* (Ralf Z. 322), in der die Menschen *„oberflächlicher"* denken oder *„es gar nicht besser wissen"* (Philip, Z. 549). Der Umstand, dass Menschen so denken, wird als Folge einer schnelllebigen Gesellschaft (Ralf, Z. 322-329) sowie als Machtfaktor eines Systems betrachtet (Philip, Z. 546-551). Als Konsequenz daraus geht ein Teilnehmer mit seinen Informationen selektiv um, da er feststellen musste, dass sich nicht immer Anschlussstellen ergeben (Viktor, Z. 196-203). Dennoch sehen die TeilnehmerInnen ihre Aufgabe auch darin, wichtige Themen zu diskutierten und das Wissen weiterzugeben.

In eine ähnliche Richtung weist die Beobachtung des sinkenden Interesses an politischer Bildung, die eine TeilnehmerIn gemacht hat (2 Aussagen). Die Aussagen verdeutlichen auch den Einfluss von Zeit, von Schnelllebigkeit auf Weiterbildungsentscheidungen: *„Die haben überhaupt keine Zeit mehr für sowas. Versteh'ste? [...] Die sind so mit dem Job beschäftigt.“* (Elke, Z. 350-353)

In der Gewerkschaftsarbeit haben sich ebenfalls Ansichten verändert (2 Aussagen), so geht ein Teilnehmer davon aus, dass Gewerkschafter ein hohes Maß an Eigeninitiative und Gerechtigkeitssinn mitbringen müssen. Zwei andere folgern aus der Teilnahme am Kurs, dass durch ihn guter Nachwuchs gefördert und dies als Wertschätzung gesehen werden kann (2 Aussagen). Die Wertschätzung für Arbeit und Leistungen sieht ein weiterer Teilnehmer als wichtigen Faktor des menschlichen Zusammenlebens, auch im Betrieb an: *„Weil das, was wir hier machen – Autos bauen – klar haste mal, der Kunde freut sich. Man selber merkt davon aber nix, dass er sich gefreut hat. Da kommt keiner an und sagt Mensch, du hast mein Auto aber toll gebaut, danke. Da ist ja nur noch Scheiß CAR-Arbeiter, was verdient ihr für Kohle, 'ne"* (Rolf, Z. 250-253). Die Dankbarkeit für erbrachte Unterstützung und Arbeit findet Rolf in seiner Gewerkschaftsarbeit wieder, wo er die Möglichkeit sieht, anderen Menschen zu helfen (Z. 257-260). Der Wunsch, anderen Menschen zu helfen, hat sich bei einem anderen Teilnehmenden so verankert, dass er sich in Richtung der betrieblichen Sozialarbeit weiterqualifizieren möchte (Sebastian, Z. 342-346).

Ebenfalls angesprochen wird eine gewachsene Toleranz gegenüber unterschiedlichen Meinungen (Viktor, Z. 180-183), die Erkenntnis, durch Vielfalt von anderen lernen zu können (Eric, Z. 53-58), sowie eine noch stärker ausgeprägte Sicht auf Ungleichheit und Möglichkeiten für Frauen (Ines, Z. 244-249).

Obgleich die Wirkungen des Kurses auf das Menschenbild der TeilnehmerInnen sich auf individueller Ebene sehr vielfältig gestalten, sind übergreifende Gemeinsamkeiten auszumachen. Prägend sind die entwickelten Fähigkeiten und das Verständnis für menschliches Verhalten und Entscheidungen, welche durch Faktoren wie den Umgang mit Wissen, die jeweilige Sozialisation und gesellschaftliche Machtfaktoren beeinflusst werden. Die Teilnehmenden haben durch den Kurs ein Hintergrundwissen gewonnen, das sie für ihre betrieblichen Entwicklungen nutzen konnten bzw. nutzen wollen und welches sich im Umgang mit anderen spiegelt.

K15. Veränderung von Ansichten / Denkprozessen

Durch den Akademiekurs sollen die TeilnehmerInnen lernen, sich aus Informationen und Wissen Zusammenhänge und Sachverhalte zu erschließen. Damit steht eine Veränderung von Ansichten und Denkprozessen im Kern des pädagogischen Prozesses. Die Aussagen der TeilnehmerInnen zu diesem Bereich weisen darauf hin, dass sich die intendierte Wirkung eingestellt hat.

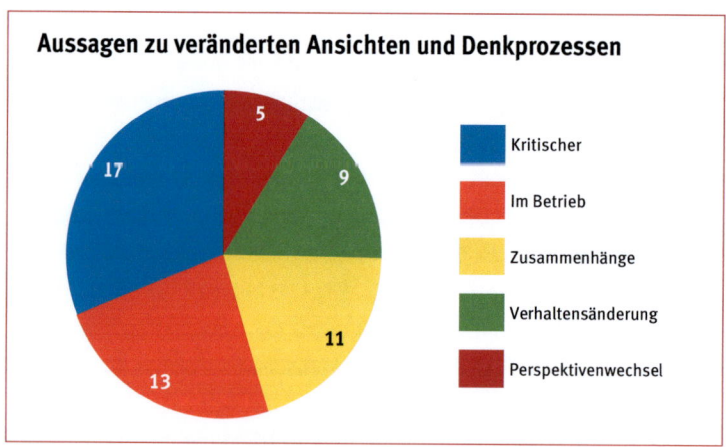

Abbildung 10: Aussagen zu veränderten Ansichten und Denkprozessen

Wie der Abbildung 10 zu entnehmen ist, zeigen sich die veränderten Ansichten schwerpunktmäßig in zwei Bereichen. Die Teilnehmenden erwähnen, dass sich nach dem Kurs eine kritische Sichtweise bei ihnen eingestellt hat (17 Aussagen). Die Funktion des Kurses bestand darin, dass er durch die Seminargestaltung *ein Stück weit wachgerüttelt hat, nachdenklich gemacht hat*" (Philip, Z. 280). Dies zeigt sich in einer hinterfragenden Herangehensweise, bei der auch „hinter der ersten Fassade" (Ralf, Z. 225-226) nachgeschaut wird, um sich nicht von Oberflächlichkeiten täuschen zu lassen. Dies gilt nicht nur für den Umgang mit Medien, sondern auch für die Gewerkschaftsarbeit: „*Das ist in meinen Augen Vorenthaltung von Informationen und Verarsche von Massen. Und diese Manipulation von Massen, das haben wir als Gewerkschafter nun eben auch auf´m Programm. Das wir das eben nicht wollen. Also der Wille zur freien Meinungsäußerung und nichts Aufgedrängtes.*" (Viktor, Z. 308-311) Viktor verdeutlicht damit, dass eine kritische Haltung auch gegenüber der eigenen (gewerkschaftlichen) Arbeit tagtäglich gelebt werden muss.

Wie auch bei der politischen Position war bei den meisten TeilnehmerInnen schon eine gewisse kritische Vorprägung vorhanden, die durch den Akademiekurs verstärkt wurde. Darauf deuten Formulierungen wie der Komparativ „*kritischer*" (Philip, Z. 298/ Tanja, Z. 157) hin. Gerade bei den neuen TeilnehmerInnen ist diese Wirkung, diese veränderte bzw. verstärkte kritische Denkweise sehr präsent. Bei den älteren TeilnehmerInnen zeigt sich dies beispielsweise, indem „*man einfach auch ein bisschen reflektierter, differenzierter da argumentiert*" (Viktor, Z. 198). Folglich zeigen sich bereits im Anschluss an den Kurs erste Wirkungen, die sich bei älteren Teilnehmenden wiederfinden lassen.

Mit dem kritischen Denken eng verbunden sind die Einsichten in Zusammenhänge, die durch diese Denkweise ermöglicht werden (11 Aussagen). Der Kurs hat geholfen, mehr Zusammenhänge und Verbindungen zu erkennen und zu verstehen, was wiederum weitere Gedanken nach sich zieht: „*Aber die gerade, die Zusammenhänge, machen ja auch sehr nachdenklich. [...] Und man möchte natürlich vielleicht auch ein Stück weit das weitergeben, was man hier gelernt hat.*" (Philip, Z. 283-286)

Die Zusammenhänge erschließen sich durch mehr Hintergrundinformationen oder die Verbindung der Themen untereinander. Vier TeilnehmerInnen weisen auf den Beitrag der historischen Hintergründe hin. Geschichtliche Zusammenhänge und Entstehungsprozesse helfen, aktuelle Umstände besser verstehen zu können (z. B. Ralf, Z. 40-42), auch in der Gewerkschaftsarbeit. „*Auch hier an die Vertrauensleute, ne. Wenn man hier in der Vertrauenskörperleitung ist, zu sagen, ihr müsst wissen.. ihr braucht die Grundbasis, um zu wissen, wo ich herkomme, dann kann ich auch fordern."* (Ines, Z. 74-76)

Es wird deutlich, dass die Veränderungen Einfluss auf die Arbeit im Betrieb auf unterschiedlichen Ebenen (13 Aussagen) nehmen und die Grundlage für gelungene Gewerkschaftsarbeit bilden. Dabei gilt es, nach geeigneten Anschlussstellen zu suchen, um die Erkenntnisse erfolgreich einzubringen. Dies sieht ein Teilnehmer des aktuellen Kurses als besondere Herausforderung. *„Naja, man muss es halt, vielleicht... (..) Naja es ist im Betrieb insofern schwierig... Wir sind ein Automobilhersteller, wenn ich da jetzt sage: guck mal an: Shell, Kraftstoffgewinnung, wie gehen die in Afrika mit den Menschen um. (.) Das werden sich sicherlich die einen oder anderen anhören, aber auf der anderen Seite produzieren wir halt Fahrzeuge und davon leben halt viele."* (Philip, Z. 351-357)

Insgesamt aber finden Methoden und Erkenntnisse ihren Platz in der betrieblichen Arbeit, beispielsweise in der Auseinandersetzung mit Vorgesetzten oder in Diskussionen, in denen sich ein Grundverständnis für Zusammenhänge oder Prozesse als hilfreich erweist (Gerold, Z. 162-166). Durch die Ausführungen der älteren TeilnehmerInnen wird ersichtlich, dass eine Rückkopplung des betrieblichen Alltag an die theoretischen Inhalte und Methoden des Kurses erfolgt ist und die *„Denkarbeit"* im Kurs als Ausgangspunkt für die weitere Entwicklung betrachtet wird. (Ralf, Z. 53-55)

Teilweise haben die veränderten oder verstärkten Ansichten Verhaltensänderungen nach sich gezogen, die von den TeilnehmerInnen konkret beschrieben werden (9 Aussagen). Sie zeigen sich in einem selbstsicheren (Ines, Z. 41-45) und toleranteren Auftreten (Viktor, Z. 185-189) und einer größeren Eigeninitiative im Umgang mit Wissen und Lernprozessen, wie ein Teilnehmer beschreibt: *„Und da wirst du, ich sag mal, noch ein stückweit selbstständiger auch. Dann einfach zu sehen und zu Erkenntnissen zu kommen, dass du manchmal selber mehr rein gehst in die Materie und dich engagierst, als zu hoffen, dass jetzt irgendwas kommt, 'ne."* (Viktor, Z. 214-216) Durch den Kurs wurde das kritische Denken verstärkt und erste Zusammenhänge deutlich, was die TeilnehmerInnen im Alltag auch umsetzen wollen. „*In dem Rahmen, was kann man verändern oder anregen, darüber nachzudenken. Das sind alles so Sachen, die (.) spannend sind. Ich kann jetzt leider nicht von heute auf morgen mein Auto abschaffen (lacht), aber bei Shell werde ich zum Beispiel wohl erstmal nicht tanken.*" (Philip, Z. 287-289) Wichtig ist dabei fast allen, dass sie ihre Erkenntnisse auch weitergeben, mit anderen in ihrem Umfeld teilen können.

Besonders förderlich für die veränderten Einstellungen und Ansichten waren nach Angaben der TeilnehmerInnen die verschiedenen Perspektiven, die im Kurs vermittelt wurden (5 Aussagen). Sie haben gelernt, „man muss es an der einen oder anderen Stelle schon noch mal differenzierter sehen und noch mal andere Blickwinkel einnehmen" (Tobias, Z. 224-225). Dazu gehören etwa inhaltliche Sichtweisen, die eine Abwechslung zum bisherigen technikgesteuerten Blickwinkel boten und dadurch „den Horizont" erweitert haben (Eric, Z. 22-26). Bei einem Teilnehmer hat sich das Denken aus verschiedenen Perspektiven so verankert, dass er das für seine eigene Bildungsarbeit nutzt. (Viktor, Z. 248-250)

Besonders prägend ist für die TeilnehmerInnen die vertiefte kritische Denkweise und das Denken in Zusammenhängen. Der Kurs hat ihnen sowohl Verbindungen als auch neue Perspektiven aufgezeigt und damit an schon vorhandene Ansichten angeknüpft und diese erweitert. Die gewonnenen Erkenntnisse haben zu der Ansicht geführt, Sachverhalte und Informationen zu hinterfragen und diese Haltung wenn möglich auch weiterzugeben. Bei den neuen TeilnehmerInnen stehen die verstärkte kritische Haltung und die aufgezeigten Zusammenhänge noch stark im Vordergrund, der Abgleich mit den Aussagen von Teilnehmenden aus den vergangenen Jahren zeigt, dass sich diese Denkweise langfristig verankert hat und in der Gewerkschaftsarbeit widerspiegelt. Damit wird eine wesentliche intendierte Wirkung bestätigt.

K16. Wissenserweiterung
In der Kategorie Wissenserweiterung finden sich Textstellen, in denen sich die TeilnehmerInnen auf gewonnenes Wissen in verschiedensten Formen beziehen. Dazu zählen konkrete Aussagen etwa über Themenbereiche aber auch Aussagen, in denen implizit eine Wissenserweiterung geäußert wird, wie durch die Umschreibungen Hintergrundwissen oder Fundament.

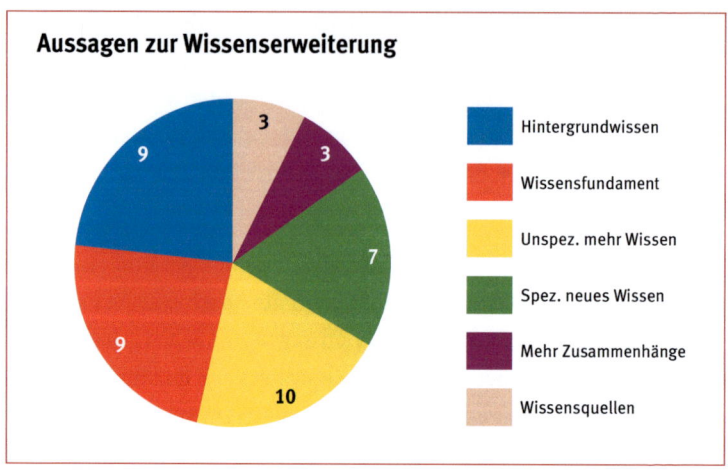

Aussagen zur Wissenserweiterung

- Hintergrundwissen
- Wissensfundament
- Unspez. mehr Wissen
- Spez. neues Wissen
- Mehr Zusammenhänge
- Wissensquellen

Abbildung 11: Aussagen zur Wissenserweiterung

Am häufigsten wird von den Teilnehmenden genannt, dass sie durch den Kurs mehr Hintergrundwissen und ein Wissensfundament bekommen haben (beide 9 Aussagen). Darauf folgen Aussagen, in denen unspezifisch von mehr Wissen gesprochen wird (8 Aussagen). Diese Verteilung macht deutlich, dass die TeilnehmerInnen sich weniger an konkrete Inhalte des Kurses, sondern vielmehr an das Gesamtbild erinnern, welches bei ihnen eine Wirkung entfaltet hat.

Fünf Teilnehmende beschreiben den Wissenszuwachs durch den Kurs als mehr *„Hintergrund"* (Elke, Z. 217), *„Hintergrundwissen"* (Elke, Z. 57/ Sebastian, Z. 90) oder *„Hintergrundinformationen"* (Philip, Z. 77). Diese Beschreibungen bleiben in der Regel recht unspezifisch was konkrete Themenbereiche angeht. Konkret als Hintergrundwissen zeichnet sie die Art und Weise aus, wie die TeilnehmerInnen im Anschluss damit verfahren sind. Dazu zählt insbesondere das Einbinden dieses Hintergrundwissens in alltägliche oder betriebliche Situationen. *„Und ich bin argumentativer, ich kann viele Sachen besser begründen auch. Was man früher so aus dem Bauch heraus gemacht hat, kann ich jetzt auch, da habe ich jetzt ein Fundament."* (Tanja, Z. 132-134) Zugleich bietet das Hintergrundwissen auch Einblicke in Zusammenhänge und Abläufe, wirkt dort als Hilfe (Sebastian, Z. 89-91).

Die Wissenserweiterung wird von einigen TeilnehmerInnen ebenfalls beschrieben als Fundament, auf welches im Anschluss aufgebaut wurde bzw. aufgebaut werden soll. So wurde dieses Fundament für eine Teilnehmerin in Folgeseminaren nützlich (Elke, Z. 281-284), andere haben es in ihre eigene Referentenarbeit eingebracht. Dieses Wissensfundament war dementsprechend eine Ausgangslage, die anschließend ausgebaut wurde.

„Es waren.. Es wird ja auch als Grundkurs bezeichnet – es war ein stückweit ein solides Fundament, auf das man aufbauen konnte. Also es wurde ein, ein.. (..) ein Erfahrungsschatz äh..(..) das kann man schlecht sagen, also es war ja ein Part an Themen, die vermittelt worden sind." (Klaus, Z. 207-210) Wie bei Klaus deutlich wird, finden sich in den meisten Aussagen unspezifische Hinweise auf eine Wissenserweiterung. Eine deutliche Aussage macht dazu eine Teilnehmerin am Ende des aktuellen Kurses: *„Jede Woche an sich hat einem was gegeben, was man immer wieder nutzen kann. Also da könnte ich noch nicht einmal ein Beispiel geben. Also es ist halt, es ist da. Kann ich dir so kein Beispiel für geben"* (Svenja, Z. 242-244). Schon bevor der Kurs eigentlich zu Ende ist, haben sich die Inhalte des Kurses zu einem Gesamtbild gefügt, dass den Teilnehmenden als Ganzes präsent ist. Den einzelnen Teilbereichen wird dabei jedoch nicht ihre Bedeutung abgesprochen, eher wird dem konstruierten Gesamtbild Anerkennung gezollt, welches *„bereichert und vorangebracht"* hat (Klaus, Z. 222).

Es gibt allerdings sowohl ehemalige als auch aktuelle TeilnehmerInnen, die sich konkret an Wissensgewinne aus Teilbereichen des Kurses erinnern. Darunter fällt Wissen über geschichtliche Zusammenhänge, welches bereits bei veränderten Ansichten und Denkprozessen eine Rolle gespielt hat. Des Weiteren wird Wissen über betriebliche und gewerkschaftliche Zusammenhänge und internationale Beziehungen angesprochen. Die über die Inhalte vermittelten wissenschaftlichen Perspektiven haben geholfen, dass ein Teilnehmer *„halt in dieses wirtschaftliche, soziologische, politische Denken so ein bisschen mehr hineinbekommt"* (Ralf, Z. 57-58).

Dass die TeilnehmerInnen durch den Kurs gelernt haben, Zusammenhänge zu erkennen und herzustellen, wurde bereits in der Kategorie 15 deutlich. Doch nicht nur die Denkrichtung, auch bereits bestehende Zusammenhänge konnten die TeilnehmerInnen durch diesen Kurs ihrem

Wissensbestand hinzufügen (3 Aussagen). Die neuen Teilnehmenden weisen noch explizit darauf hin, dass sie durch den Kurs auch mehr Wissen über Informationsquellen bekommen haben. *„Also ich muss mich da, ich hab ja jetzt erstmal hier was mitgenommen, das kann ich gut gebrauchen und ich weiß jetzt auch, mir wurden auch Quellen jetzt nochmal aufgezeigt, wo ich mich selber nochmal informieren kann und wo ich aktuelle Informationen bekommen kann. Die kann ich auch weitergeben, also praktisch, wie nennt man das, so als Multiplikator."* (Tanja, Z. 193-196) Wie schon in den vorangegangenen Kategorien ersichtlich wurde, hat der Kurs bei den TeilnehmerInnen die Fähigkeit und das Interesse, wieder zu lernen, angeregt. Ebenso wurde die Eigeninitiative gefördert, beispielsweise durch das Aufzeigen von Informationsquellen.

Bei der Wissenserweiterung bleibt bei den TeilnehmerInnen der Eindruck, dass sie durch den Kurs mehr Wissen bekommen haben. Durch die didaktische Konzeption erscheint das Wissen als Ganzes, als Hintergrundwissen und Fundament. Dieses wurde von den alten TeilnehmerInnen in verschiedenster Weise, etwa in Argumentationen im Alltag oder Weiterbildungen, eingesetzt. Bei den neuen TeilnehmerInnen finden sich anteilig mehr Aussagen zur Wissenserweiterung, da sie direkt am Ende des Kurses befragt wurden. Jedoch überwiegt auch hier der Eindruck eines Wissensfundaments als Ganzes.

8.1.2 Wirkungszuschreibungen – ehemalige und aktuelle TeilnehmerInnen im Vergleich

Betrachtet man die Verteilung der Aussagen zur Wirkungsentfaltung bei den alten und bei den neuen TeilnehmerInnen im Vergleich, offenbaren sich unterschiedliche Schwerpunkte.

Bei jenen, die gerade zum Zeitpunkt des Interviews den Akademiekurs durchlaufen haben, sind besonders die veränderten Ansichten und die Wissenserweiterung präsent. Dabei ist auffällig, dass sich die Aussagen weniger auf konkrete inhaltliche Bereiche beziehen, in den sie Wissen dazugewonnen haben, sondern vielmehr auf *Zusammenhänge* (Tanja, Z. 110/ Svenja, Z. 159-169), *Hintergrundinformationen* (Philip, Z. 77) und *insgesamt mehr Wissen* (Philip, Z. 572). Die TeilnehmerInnen weisen in ihren Aussagen bezüglich der Seminargestaltung darauf hin, dass sie die

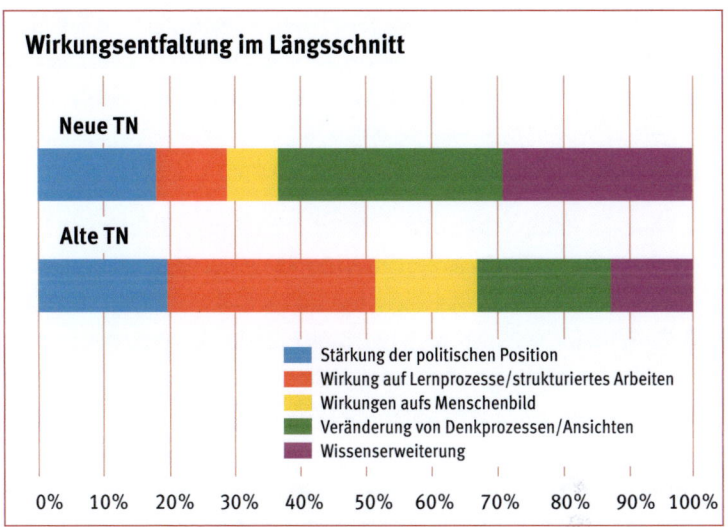

Wirkungsentfaltung im Längsschnitt

Neue TN

Alte TN

- Stärkung der politischen Position
- Wirkung auf Lernprozesse/strukturiertes Arbeiten
- Wirkungen aufs Menschenbild
- Veränderung von Denkprozessen/Ansichten
- Wissenserweiterung

0% 10% 20% 30% 40% 50% 60% 70% 80% 90% 100%

Abbildung 12: Wirkungsentfaltung im Vergleich

Verknüpfungen der Inhalte untereinander als sehr wertvoll empfunden haben, da so Verknüpfungen sichtbar und Zusammenhänge deutlich wurden. *„Das greift alles so ineinander, ne, wie sich das so verzahnt. Das ist sehr spannend, wenn man dann den Aha-Effekt hat irgendwann mal. Sehr schön"* (Svenja 148-149). Trotz der inhaltlichen Schwerpunkte wird der Kurs als *„Gesamtbild"* (Svenja, Z. 199) gesehen, aus dem sich gerade die Erkenntnisse ermöglichen. Die älteren TeilnehmerInnen hingegen beziehen sich nur geringfügig auf die Wissenserweiterung durch den Kurs. Jene Aussagen dazu beinhalten vielmehr Angaben darüber, dass der Kurs ein gewisses Fundament geliefert hat, auf dem später in Form von Seminaren oder eigener Bildungsarbeit aufgebaut wurde.

Eine weitere wichtige Wirkung, auf die die neuen TeilnehmerInnen direkt im Anschluss an den Kurs hingewiesen haben, ist ein kritischeres Denken und eben das Denken in Zusammenhängen, welches ihnen vorher nicht in dem Maße bewusst war. Bei einigen zeigt sich eine neue Haltung bereits in Gesprächen oder Verhaltensweisen oder in dem Vorhaben, fortan kritischer an Sachverhalte heranzugehen und dies auch weiterzuvermitteln. *„Ich bin, ja ich versuche, zwischen den Zeilen zu lesen. (..) Und (..) ja, das es ist eigentlich. Man ist nachdenklicher, kritischer, doch. Man nimmt alles* *nicht mehr so hin, was man dann vorserviert bekommt, glaube ich. Man benutzt auch mal dann andere Quellen, um etwas zu hinterfragen. Das sind so Sachen, doch. Und es hat sicherlich auch, und das wird sich aber auch erst vielleicht in ein paar Wochen zeigen, dass man da vielleicht ein Stück weit auch anders geworden ist"* (Philip, Z. 495-500).

Das Zitat von Philip verdeutlicht, dass es sich bei dem Gefühl, nun kritischer zu denken und zu handeln, zuerst um eine Momentaufnahme und ein Vorhaben handelt. In den Aussagen der älteren TeilnehmerInnen schlägt sich die Wirkung vor allem als langfristiger Eindruck, durch den Kurs in der politischen Haltung und dem politischen Handeln gestärkt worden zu sein, nieder. Neben den Wirkungen auf Lernprozesse machen diese Stellen den Großteil der Angaben zur Wirkungsentfaltung aus. Die Wirkungen der Lerntechniken und Techniken des strukturierten Arbeitens finden zwar bereits während des Kurses z. B. in den schriftlichen Ausarbeitungen Anwendung, können langfristig aber ihre Wirkung noch besser entfalten. Dies zeigt sich, wenn die TeilnehmerInnen den Kurs als gute Vorbereitung oder Voraussetzung für anschließende Weiterbildungsaktivitäten bezeichnen, *„bild' mich da ein bisschen weiter oder es ist sogar eine Beschleunigung, ein Katalysator, um jetzt mal richtig ... auf die Ada [Akademie der Arbeit] und sonst wo."* (Ralf, Z. 172-174). Es wird auch darauf hingewiesen, dass sich die Techniken des strukturierten Arbeitens vor allem langfristig ausgezeichnet und Erfolge gezeigt haben, beispielsweise in der guten Vorbereitung der eigenen Arbeit: *„Diese 6 Wochen, das war toll, das hat mir auch für später weitergeholfen. Wie gesagt, ich hab dann auch diese eigenständige Arbeit, das ist etwas, was ja eigentlich heute noch drinne ist. Dann dementsprechend, wenn du irgendwelche Dinge vorbereitest. Es gibt bei mir eigentlich nicht äh irgendwie Informationsveranstaltungen oder so etwas, die ausfallen, sondern ich überlege mir ein Thema, wo ich die Kolleginnen und Kollegen, die Vertrauensleute mit abholen kann, ein bisschen mitschulen kann"* (Andre, Z. 261-264). Die neuen TeilnehmerInnen hingegen haben zwar wieder gelernt, zu lernen und strukturiert zu arbeiten, das wird in ihren Aussagen auch deutlich, die volle Wirkungsentfaltung dieser Techniken lässt sich allerdings in den Interviewaussagen noch nicht erkennen.

8.1.3 Ergebnisse der Dozierendeninterviews

Die Codierung der Textstellen erfolgte anhand der Unterkategorien, welche sich hinter den jeweiligen Hauptkategorien in Abbildung 13 verbergen. Bei der Verteilung der Fundstellen stechen zwei Bereiche besonders hervor. Das sind zum einen Aussagen zu der „Dimension Lernform/Methoden" und zum anderen zu der „Dimension soziale Beziehungen". Bei der ersteren Kategorie ergibt sich die hohe Zahl der Zuordnungen unter anderem daraus, dass es fünf Unterkategorien gibt. Zum anderen ist dies einer der Bereiche, zu dem die DozentInnen aufgrund ihres Expertenwissens befragt wurden, da sie besonderen Einblick in die Gestaltung und Auswahl der Methoden besitzen. Weitere 74 Textstellen beziehen sich auf die sozialen Beziehungen und ihre Rolle während und im Anschluss an den Kurs.

Im Zentrum dieses Berichts steht die Frage nach einer Methode, mit der sich die Wirkungsentfaltung politischer Bildung erheben und auswerten

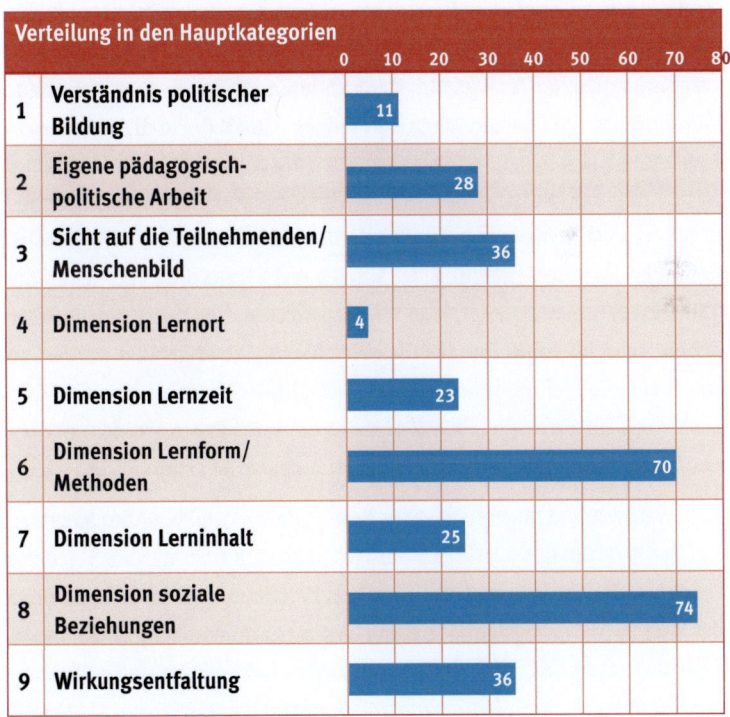

Abbildung 13: Zuordnungen der Fundstellen nach Hauptkategorien

lässt. Dafür zentral sind in den Dozenteninterviews vor allem die Aussagen der Kategorie 2 „Eigene pädagogisch-politische Arbeit", welche Angaben zu den intendierten Zielen enthält, damit eng verbunden Kategorie 3 „Sicht auf die TN/Menschenbild", in welcher wahrgenommene Bedürfnisse der TeilnehmerInnen und gesellschaftliche Bedingungen für den Akademiekurs thematisiert werden, und schließlich Kategorie 9, „Wirkungsentfaltung".

Einer der befragten Lehrenden war schon 1998 an der Heimvolkshochschule beschäftigt. Dadurch lässt sich ein Bezug zu den Aussagen der ehemaligen TeilnehmerInnen herstellen.

K2. Eigene pädagogisch-politische Arbeit

Bei der Beschreibung der Lernziele und Intentionen des Akademiekurses herrscht bei den Dozierenden Einigkeit darüber, dass die TeilnehmerInnen zu eigenem kritischen Denken und Handeln befähigt werden sollen. Damit sind die zwei wesentlichen Bereiche bestimmt. Durch das Wissen, welches die Teilnehmenden im Akademiekurs erwerben, soll sich zum einen ihr Denken kritischer entwickeln, zum anderen sollen sie aber auch neue Handlungsmöglichkeiten sehen und nutzen. Ihre Rolle in diesem Prozess beschreibt Klara folgendermaßen: „(…) ich bin einfach da, eben Handlungswissen zu geben, mit dem sie dann Bewältigungswissen entwickeln können, um diese Entscheidungen zu treffen dann auch" (Klara, Z. 22-23). Es wird deutlich, dass die Auslegung des Kurses viel Eigenarbeit von Seiten der TeilnehmerInnen verlangt. Das Wissen, welches die Dozierenden weitergeben, kann im Anschluss für die betriebliche Arbeit genutzt werden, so wie es viele TeilnehmerInnen in ihren Teilnahmemotiven auch beschreiben. Dafür soll im Kurs ein „Handwerkskasten" mitgegeben werden, der bei der Bewältigung anstehender Aufgaben hilfreich ist (Hans, Z. 201-203).

Neben dem schon angesprochenen Bewältigungs- und Handlungswissen soll darüber hinaus auch Orientierungswissen vermittelt werden. Darunter verstehen die Dozierenden die Fähigkeit, Erscheinungen und Phänomene der Welt zu hinterfragen und in einen Gesamtzusammenhang einzuordnen. „Und sozusagen den Blick dafür zu schärfen, nämlich in Alternativen zu denken und das, was einem vorgetragen wird, zu hinterfragen. Oder, und das war, und das war jetzt der Anfangspunkt, in größere Zusammenhänge *zu stellen. Das bedeutet es nämlich. Nicht die einzelnen Phänomene für sich zu betrachten, sondern die Einzelphänomene in ihrer Gesamtheit. Und damit sich sozusagen ein Weltbild zu erschließen, das möglichst vollständig ist. Man kann die Welt nicht vollständig erfassen, das geht gar nicht, aber man kann sie asymptotisch erfassen, der Wahrheit immer näher zu kommen. Aber das ist sozusagen ein wesentlicher Punkt in diesem 6-Wochen-Kursus"* (Hans, Z. 98-104). Indem sich die TeilnehmerInnen die Welt erschließen, eröffnen sich nicht nur Einsichten in Zusammenhänge, sondern auch in Strukturen, in welchen sich zugleich Handlungsmöglichkeiten eröffnen.

Damit verbunden ist die Ausprägung von Kritikfähigkeit gegenüber Organisationen, auch den Gewerkschaften. Diese Ausrichtung hat sich im Laufe der Jahre verändert. Die ursprünglich starke gewerkschaftliche Orientierung ist zu Gunsten einer breiten politischen Bildung in den Hintergrund gestellt worden. *„Also im Zentrum, würde ich mal sagen, stand wirklich die Kritikfähigkeit, und zwar auch gegenüber dem eigenen Tun, gegenüber der eigenen Organisation usw."* (Stefan, Z. 139-140). Die Fähigkeit, Strukturen und Handlungsmöglichkeiten zu erkennen und Gemeinschaftsinteressen durchzusetzen, wird als ein Ziel beschrieben, zu dem die TeilnehmerInnen befähigt werden sollen.

Wie dies didaktisch in den Teilbereichen umgesetzt wird, kann am Beispiel der Soziologie gezeigt werden. Die Einführung in wissenschaftliches Arbeiten und die wissenschaftliche Denkweise steht am Anfang des Akademiekurses. Danach sollen die Teilnehmenden im Themenbereich Soziologie lernen, sich die Theorien und Inhalte als Werkzeug zunutze zu machen, *„dass man sich einfach diesen Aufbau von Gesellschaft insofern anschaut, als man danach die Soziologie werkzeugartig benutzt, diesen Aufbau dann auch eventuell zu verändern"* (Klara, Z. 40-41). Die Lehre über die Gesellschaft und ihren Aufbau wird umgewandelt in Bewältigungswissen für politisches Handeln. Die Teilbereiche des Akademiekurses sind eng miteinander verzahnt. Es ist davon auszugehen, dass grundlegendes wissenschaftliches Arbeiten und die Aneignung mit dem Ziel, politisches Denken und Handlungsmöglichkeiten auszuweiten, übergreifend eine Rolle spielen.

Dieses Vorgehen konnte auch durch die teilnehmende Beobachtung zum Teilbereich Politische Ökonomie bestätigt werden. Zu Beginn fand eine Einführung seitens des Dozenten in Theorien und Hintergründe statt. Im weiteren Verlauf konnten sich die Teilnehmenden durch Gruppenarbeiten und Diskussionen einbringen. In diesen wurde ersichtlich, dass sie bereits die Theorien mit ihrer erlebten Praxis verbinden und Bezüge herstellen konnten.

Die Ziele der pädagogischen Arbeit im Akademiekurs können als Befähigung beschrieben werden. Die DozentInnen bieten Wissen an; Diskussionen, Auseinandersetzungen in der Gruppe und Eigenaktivitäten bieten den Teilnehmenden die Möglichkeit, das angebotene Wissen mit dem eigenen Vorwissen zu verknüpfen. Dies kann beispielsweise in Form von Orientierungs- oder Bewältigungswissen auftreten und genutzt werden, um Machtstrukturen zu erkennen, Partizipationsmöglichkeiten auszuweiten und kollektive Interessen durchzusetzen. Damit ist eine Grundlage für erfolgreiche politische bzw. gewerkschaftspolitische Arbeit gelegt.

K3. Sicht auf die Teilnehmer/Menschenbild

Die Gruppe der TeilnehmerInnen des Akademiekurses an der Heimvolkshochschule Hustedt zeichnet sich dadurch aus, dass sie gewerkschaftlich engagiert sind und im Rahmen dieser ehrenamtlichen Tätigkeit am Kurs teilnehmen (vgl. Kapitel 6.1). Der Wechsel in eine neue Position bringt neue Herausforderungen *„Und das erzeugt einen Handlungsdruck. Und um dem in irgendeiner Weise gerecht zu werden, kommen sie hierher"* (Hans, Z. 200-201). Von dem Kurs erwarten sich die TeilnehmerInnen Wissen für Situationen oder Entscheidungen. Der Kurs wird als *„Hilfestellung"* betrachtet (Hans, Z. 165). In der Regel ist die ehrenamtliche Tätigkeit eng verbunden mit einem persönlichen Interesse (Klara, Z. 157-165).

Daraus resultiert eine weitere wahrgenommene Gemeinsamkeit: ein bereits vorhandenes politisches Selbstverständnis. *„Und insofern können wir auf einen gewissen Bewusstseinsstand aufbauen, Problembewusstsein oder auch politisches Bewusstsein, da kann man aufbauen und muss jetzt nicht von Null anfangen. Wie so Grundlagenseminare, das wären Seminare, da müsste man von Null anfangen. Aber das muss man hier nicht, sondern die haben ein gewisses Selbstverständnis, was sie eigentlich wollen"* (Stefan,

Z. 218-221). Die Teilnahme entsteht folglich nicht alleine aus einem betrieblichen Handlungsdruck heraus, sondern ist zugleich bedingt durch ein persönliches politisches Interesse wie dem Wunsch, mehr zu wissen und Hintergründe zu verstehen (Klara, Z. 104-108), oder gerade dem Bedürfnis, eine breitere politische Ausbildung zu bekommen, ohne einem zu starken gewerkschaftlichen Einfluss ausgesetzt zu sein. Stefan konnte beobachten, dass dies im Laufe der Jahre immer mehr zugenommen hat: *„16 Jahre sind ja auch eine lange Zeit, in dieser Zeit haben sich auch die Menschen ein bisschen geändert. Und die waren, also solchen reinen Gewerkschaftsschulungen will ich mal sagen, jetzt mal mit so einem negativen Hintergrund, dem wollten sich eigentlich immer weniger aussetzen und das stieß dann auch auf Kritik und darüber war ich sehr glücklich."* (Stefan, Z. 79-83)

Trotz dieses eigenen politischen Interesses spiegelt sich in den Beweggründen der TeilnehmerInnen auch eine sich verschärfende Arbeitsmarktlage wider. Dies zeigt sich daran, dass die Frage nach beruflicher Verwertbarkeit gestiegen ist (Stefan, Z. 117-123). Die neue Situation und Anforderungen des Arbeitsmarktes werden unter anderem als Grund für die veränderte Ausrichtung des Kurses gesehen, welcher versucht, auf gesellschaftspolitische Themen wie Individualisierung oder Globalisierung einzugehen (Stefan, Z. 29-34). Insgesamt bezieht der Kurs individuelle und gesellschaftliche Anforderungen in seine Konzeption ein. So wird auch die Informationsgesellschaft als ein wichtiges Thema gesehen, *„weil wir haben ja im Alltag, haben wir immer einzelne Stücke, einzelnes Wissen, einzelne Stücke, die angeboten werden und es ist ja auch ein Nachteil unserer Informationsgesellschaft, dass wir immer mit einzelnen Informationselementen verköstigt werden, die überhaupt kein ganzes Bild mehr ergeben"* (Klara, Z. 440-443). Daher sollen die TeilnehmerInnen im Kurs lernen, analytisch und in Zusammenhängen zu denken. Daraus wiederum resultiert ein Blick für Handlungsmöglichkeiten und Anschlussstellen für politisches Handeln in der Gesellschaft.

Die Dozierenden sehen eine Aufgabe des Akademiekurses in der Ausbalancierung individueller und institutioneller Anforderungen, da von den Teilnehmenden im Anschluss auch Leistungen von einer Organisation erwartet werden (Stefan, Z. 254-257). Dies verlangt eine didaktisch komplexe Leistung von den Dozierenden. Ein wichtiges Prinzip ist dabei die Teilnehmerorientierung. Die Erfahrungen und Bedürfnisse der TeilnehmerInnen bilden die Basis für die pädagogische Arbeit und werden in den Ablauf eingebunden, *„Also das denke ich ist bei der politischen Bildung auch unheimlich notwendig, gerade Bildung, die auf Erfahrungswissen aufbaut und sich aus dem Erfahrungswissen ja organisch heraus entwickeln soll, muss man halt auch erstmal sehen, wen habe ich vor mir, was wollen die Leute und man kann zwar, sage ich mal, mit einem gewissen Thema anfangen, aber muss das dann irgendwie dann organisch aus sich heraus entwickeln lassen"* (Klara, Z. 179-183).

Die Seminargestaltung ist geprägt durch situative Spontanität, Beispiele aus dem Alltag oder thematische Impulse werden von den DozentInnen aufgegriffen und integriert. Dies wird wiederum von den TeilnehmerInnen gewürdigt: *„Sie reagieren ja auch. Es ist ja nicht so, dass man dann irgendjemandem mal sagt: mensch, da fehlt mir das, da fehlt mir das. Dann wird darüber gesprochen und das wird dann auch sofort aufgenommen. Das finde ich auch schön"* (Svenja, Z. 380-382).

Auf der einen Seite erweist sich die Gruppe der TeilnehmerInnen für die Dozierenden als eine homogene Gruppe, die im Rahmen ihres ehrenamtlichen Engagements und aufgrund ihres politischen Selbstverständnisses am Kurs teilnehmen. Auf der anderen Seite finden sich viele individuelle Erfahrungen und Bedürfnisse, die Einfluss auf die Seminargestaltung nehmen. Dazu kommen gesellschaftliche oder institutionelle Anforderungen, die inhaltlich aufgegriffen werden. Ihre Aufgabe sehen die Dozierenden darin, den Teilnehmenden durch ihre Arbeit sowohl eine breite politische Ausbildung als auch Hilfestellungen für den betrieblichen Handlungsdruck anzubieten. Das verlangt eine professionelle pädagogische Arbeit, die auf Teilnehmerorientierung basiert.

K9. Wirkungsentfaltung

Diese Kategorie umfasst Aussagen der Dozierenden zu Wirkungen, die sie während oder im Anschluss an den Kurs beobachtet haben. Dabei kommen überwiegend intendierte Wirkungen, aber auch transintentionale

Effekte[20] zur Sprache. Wie bereits die Ergebnisse gezeigt haben, sehen die Dozierenden die Ziele des Kurses vor allem in einer Befähigung, einer Ausprägung einer bestimmten politischen Denkweise, was wiederum viele Möglichkeiten der Erfragung von Wirkungen ausschließt. *„Also eine Orientierung kann man nicht messen, es geht ja um eine gesellschaftspolitische Orientierung in der Welt, in der sie leben und da sagen eigentlich alle an Messkriterien, die man da anlegen müsste… (..) Das ist ja kein Mathematikkurs, wo man danach sagen kann, so jetzt kann er nun, 'ne, rechnen oder nicht* (lacht)" (Stefan, Z. 322-325). Die Wirkung entfaltet sich vielmehr in Handlungen und Aussagen und ist daher immer im Kontext einer Entwicklung oder Situation zu betrachten und weist individuelle Ausprägungen auf. Einige der folgenden Faktoren werden von den Dozierenden als Anzeichen für eine Wirkungsentfaltung gesehen, dennoch könne man nie sicher sein, welchen Anteil der Kurs tatsächlich hatte (Klara, Z. 148-156).

Unter anderem melden TeilnehmerInnen zurück, dass der Kurs eine wichtige Station ihrer gewerkschaftlichen Entwicklung oder auch *„lebensprägend"* war (Stefan, Z. 285-290). *„Insofern trifft man die irgendwo, […], auch da dann immer wieder und das erste ist immer: Stefan, 'ne, Akademiekurs, das war eines der wichtigen Stationen in meinem gewerkschaftlichen Leben"* (Stefan, Z. 171-174). Solche Aussagen finden sich auch in den Interviews mit den TeilnehmerInnen, die den Kurs beispielsweise als Katalysator für die eigene Entwicklung beschreiben.

Eine weitere Möglichkeit, Wirkungen zu beobachten, besteht darin, wenn sich Dozierende und Teilnehmende später erneut begegnen, etwa wenn TeilnehmerInnen als Redner auf Veranstaltungen auftreten. Dort konnten die Dozierenden ein gewisses Selbstbewusstsein im Auftreten entdecken. Diese Selbstsicherheit führen die Dozierenden auf das gewonnene Orientierungs- und auch Spezialwissen zurück, welches neue Möglichkeiten aufgezeigt hat. *„Ja, ich denke, das ist wenn dann Teil einer Persönlichkeitsentwicklung, bei einer Persönlichkeitsentwicklung steht bei mir Selbstvertrauen im Mittelpunkt, Selbstvertrauen durch die Aneignung eines Wissens, was vielleicht vorher als Spezialwissen erachtet worden ist.*

---

20 Transintentionale Wirkungen, als Realisierung unerwarteter Wirkungen, die gleichwohl von dem Teilnehmer/der Teilnehmerin genutzt werden können (vgl. Sievers/Robak 2011, S.54ff.).

Wenn man dann feststellt, dass dieses Spezialwissen an und für sich nichts anderes als ordinäres Wissen ist, das sich jeder aneignen kann, dann ist damit auch eine andere Sicht und eine andere Begegnung mit Welt möglich. Weil dann ist jedes Spezialwissen aneigbar und dann ist jede Situation machbar oder umsetzbar im Sinne von einer Verbesserung der Situation oder Veränderung der Situation" (Klara, Z. 366-372). Diese Einstellung ist für eine berufliche Laufbahn förderlich, was sich an jenen TeilnehmerInnen zeigt, die später ein hohes Amt bekleiden. Das gewonnene Spezialwissen ermöglicht es, Prozesse und Entscheidungen zu verstehen und zu beeinflussen. Im Nachhinein äußerte sich eine TN dankbar darüber, dass ihr ihre Handlungschancen bewusst geworden sind. *„Also ich hatte mal eine Teilnehmerin, die hatte am Akademiekurs auch teilgenommen, das war an einem meiner ersten Akademiekurse, 2006 war das, und die meinte: ja früher dachte ich immer nur, ich wäre einfach nur eine Arbeiterin und hätte einfach keine Handlungschancen auch und jetzt ist mir erst bewusst, was ich trotzdem alles tun kann. Und das fand ich dann ganz schön und das war ein gewisses Erfolgszeichen"* (Klara, Z. 78-82). Andere Teilnehmer gaben die Rückmeldung, dass insbesondere die Herausbildung von Kritikfähigkeit sehr positiv empfunden wurde (Stefan, Z. 139-142).

Insgesamt wird von den Teilnehmenden positiv angemerkt, dass der Kurs ihnen die Lust und die Neugier auf das Lernen, auf die Auseinandersetzung mit wissenschaftlichen Themen wieder nähergebracht hat. Eine konkrete Rückmeldung erhalten die Dozenten auch in Bezug auf die schriftlichen Arbeiten, wenn die Teilnehmenden ihren Mut zu schreiben wiedergefunden haben und dafür sehr dankbar sind (Klara, Z. 341-343). Dieses Lernen lernen und der Mut zu lernen sind zwei wichtige Aspekte, die auch von den Teilnehmern als Wirkung des Kurses beschrieben werden. Sie weisen darauf hin, dass sich dadurch eine ganz andere, sicherere Einstellung entwickelt hat (siehe Ergebnisse der Teilnehmenden in Kategorie 13).

Ebenfalls deutet sich in den Aussagen der Teilnehmenden an, dass nicht mehr unbedingt konkrete Inhalte erinnert werden, vielmehr ist ein stimmiges Gesamtbild mit viel Wissen geblieben. Auch die Dozierenden stellen fest, dass der Akademiekurs als Ganzes in positiver Erinnerung bleibt. Beschrieben wird er als *„Auszeit"* mit Zeit zum Nachdenken (Hans, Z. 444-

448). Diese „*sinnvollen Wochen*" waren, wie Stefan berichtet (Z. 275-276), für viele Auslöser einer Entwicklung, beruflich und auch persönlich. Der Kurs war der Ausgangspunkt eines längerfristigen Bemühens, das sich bei den TeilnehmerInnen entwickelt hat, „*was sie da mitgenommen haben an ja (..) an einem doch längerfristigen eigenen Bemühen, das war immer auch meine Antwort auf die Frage, was wir eigentlich von ihnen erwarten*" (Stefan, Z. 187-189).

Dieses längerfristige Bemühen lässt sich im Kurs nur anstoßen. Letztlich weisen die Dozierenden auf die Grenzen ihrer pädagogischen Arbeit hin, da sie nur den Grundstein für eine Wirkungsentfaltung legen können. Ein großes Problem wird darin gesehen, dass der Akademiekurs sich in der Mitte des Dreischritts Praxis-Theorie-Praxis befindet und nur vorbereiten kann. Bei der Rückkehr in die Praxis sind die TeilnehmerInnen den alten Strukturen wieder ausgesetzt und müssen passende Anschlussstellen finden. „*Aber wie es natürlich der einzelne nutzt danach, da muss er sehen, dass die danach wieder in eine andere Praxis kommen, betrieblich, gewerk-schaftlich oder wo auch immer, wo andere Regeln dann auch herrschen. Und da sind nach meiner Kenntnis, ohne Namen nennen zu wollen, einige doch dann wieder in den üblichen Fahrensweisen, von persönlich Karriere machen, andere Leute nieder machen und auch notfalls Leichen pflastern ihren Weg (..), dann doch gegangen. Ja sicher, würde ich mal sagen, durch den Zwang der Verhältnisse, in denen sie leben. Die haben sich nicht anders zu helfen gewusst.*" (Stefan, Z. 276-282) Diese Rückkehr in die betriebliche Realität wird auch von den anderen Dozierenden als problematisch gesehen (Klara, Z. 111-115 / Hans, Z. 143-146). An dieser Stelle kann es passieren, dass sich die intentionalen Wirkungen des Kurses nicht entfalten.

Alles in allem überwiegen die Beobachtungen, dass sich die Wirkungen des Kurses wie beabsichtigt entfaltet haben. Als Zeichen einer erfolgreichen und nachhaltigen Wirkung wird das Auftreten der TeilnehmerInnen im Anschluss genommen, beispielsweise wenn sie eine höhere gewerkschaft-liche Position eingenommen haben. Die TeilnehmerInnen melden zurück, dass der Kurs eine wichtige Station ihrer Entwicklung war, aus dem sich ein langfristiges Bemühen entwickelt hat. Erste Wirkungen zeigen sich bereits im Verlauf des Kurses.

Die Rolle von Lehr-Lernkulturaspekten und die intentionale Wirkung im Überblick

Der Akademiekurs an der Heimvolkshochschule Hustedt weist Besonderheiten gegenüber anderen Veranstaltungen in den Dimensionen Lernort und Lernzeit auf. Durch die Dauer der sechs Wochen ist eine Steigerung schon während des Kurses möglich, in dem sich starke Wirkungsmomente entfalten können (Klara, Z. 419-424). Die einzelnen Teilbereiche lassen sich durch die zusammenhängende Zeit zu einem Gesamtbild verknüpfen und ermöglichen die Veränderung von Denkmustern, welche sehr zeitaufwendig sind. In der Aufteilung in Vor- und Nachmittagsphasen sehen die Dozierenden eine Zeit für Eigenarbeit und zum Nachdenken. Dadurch wird ein Gefühl der Entschleunigung hervorgerufen. Dies wird auch von den TeilnehmerInnen in den Interviews positiv bestätigt. Zudem beobachten die Dozierenden, dass die sechs Wochen feste soziale Strukturen und Kollektiverfahrungen ermöglichen, die die Persönlichkeitsentwicklung fördern. Ähnliches gilt für den Lernort, welcher zum einen eine Distanz zum Alltag schafft und als Auszeit gesehen wird. Auf der anderen Seite können starke soziale Bindungen entstehen, die den Lernprozess positiv beeinflussen.

Diese beiden Dimensionen stehen in enger Verbindung zu den Beziehungsstrukturen. Durch die räumliche Nähe bilden sich Beziehungen zwischen den TeilnehmerInnen, aber auch zu den Dozierenden heraus, die eine gewisse Stabilität in den Lernprozess bringen. Das Verhältnis zwischen TeilnehmerInnen und Dozenten erlangt eine Vertrautheit, die neue positive Lernerfahrungen ermöglicht, wie etwa Stefan beschreibt (Z. 264-271). Diese Lernerfahrung wird zudem durch das Erfahren von Solidarität und Nähe unter den Teilnehmenden bestärkt. Die gruppendynamischen Prozesse und die Bildung eines Kollektivs sind ein zusätzlicher Stabilitätsfaktor. Die TeilnehmerInnen berichten in ihren Interviews viel von der jeweiligen Gruppe und weisen auf die gegenseitige Unterstützung, zum Beispiel bei den Abschlussarbeiten, hin (Andre, Z. 178-183). Langfristig haben sich Netzwerke entwickelt zwischen TeilnehmerInnen und der Heimvolkshochschule Hustedt oder einzelnen Dozierenden, die auf den positiven Erfahrungen basieren.

Die Methoden des Seminars sind eng abgestimmt mit den Zielen des Kurses. So folgt das Verhältnis zwischen TeilnehmerInnen und DozentInnen demokratischen Prinzipien, die Teilnehmenden werden aktiv eingebunden und haben eigene Gestaltungsmöglichkeiten (Klara, Z. 206-213). Das klassische Lehrer-Schüler-Verhältnis und die hierarchische Ordnung werden aufgelöst, was auch Teilnehmende so wahrnehmen: *„Das war nicht lernen wie in der Schule, was man erst so ein bisschen befürchtet hatte"* (Andre, Z. 232-233) Insgesamt sehen sich die Dozenten als Begleiter oder Anleiter für den Lernprozess, den die TeilnehmerInnen nach ihren eigenen Erwartungen gestalten (Hans, Z. 165-170). Durch das Prinzip der Teilnehmerorientierung erfahren sie, dass ihre Bedürfnisse von Bedeutung sind, und können Selbstvertrauen gewinnen (Klara, Z. 258-261).

An dieses Rollenverständnis schließt sich auch die Auswahl der Methoden an, in erster Linie Lehrgespräche und aktivierende Methoden wie Arbeitsgruppen. Auch dies war nicht immer der Fall, da lange Jahre eine offene Pädagogik nicht selbstverständlich war (Stefan, Z. 158-162). Dennoch hat sich eine Veränderung eingestellt, so dass die TeilnehmerInnen von potentiellen negativen Lernerfahrungen aus der Schule Abstand nehmen können.

Allen Methoden gemeinsam ist, dass sie die Teilnehmenden aktiv in den Lernprozess einbinden und ihr Erfahrungswissen erweitern. Beispielsweise sollen Exkursionen dazu dienen, Aspekte des neuen Wissens in der Praxis zu erproben, meistens zeigen sich dort schon erste Wirkungen (Klara, Z. 291-298). Auch spielerische Elemente werden angewandt, um das Wissen der TeilnehmerInnen zu reaktivieren. Dass sich diese Wirkungen auch zeigen, verdeutlichen Aussagen einer Teilnehmerin dazu (Tanja, Z. 248-254). Die Form des erfahrungsbasierten Lernens stellt den Lernenden in den Mittelpunkt und ermöglicht durch die praktische Auseinandersetzung mit dem Lerngegenstand effektives und sinnstiftendes Lernen (Hans, Z. 409-412). Im Laufe der Jahre ebenfalls zugenommen hat der Anteil an selbstorganisiertem Lernen, was für die TeilnehmerInnen zu Beginn oftmals ungewohnt ist, sich aber zu einer positiven Erfahrung entwickelt. Zum selbstorganisierten Lernen gehören auch die schriftlichen Arbeiten. Diese sollen auf zukünftige gewerkschaftliche Arbeiten vorbereiten. Dass auch diese Methode die gewünschte Wirkung im Anschluss gezeigt hat, beschreibt etwa Tobias (Z. 398-402).

In Bezug auf die Lerninhalte legen die Dozierenden viel Wert darauf, dass die einzelnen Teilbereiche nicht als abgeschlossen oder in sich geschlossen gelehrt werden. Zwischen den Inhalten werden Verknüpfungen hergestellt, da sich so das gewünschte Zusammenhangswissen entwickeln lässt. Diese Verbindung wird vor allem durch die sechs Wochen am Stück möglich, da die Zeiteinteilung keine gedanklichen Grenzen konstruiert (Hans, Z. 606-608). Dafür stimmen die Dozierenden sich untereinander in einer Stammkonferenz ab, was sich im Laufe der Jahre als Vorgehen etabliert hat (Stefan, Z. 93-99). Dieses Gesamtbild des Kurses zeigt sich in den Aussagen der TeilnehmerInnen zur Wissenserweiterung im Sinne von übergreifendem Hintergrundwissen als auch in Textstellen zu den Inhalten des Seminars: *„Das greift alles so ineinander, ne, wie sich das so verzahnt. Das ist sehr spannend, wenn man dann den Aha-Effekt hat irgendwann mal."* (Svenja, Z. 148-149)

Grundsätzlich folgen die Inhalte dem Dreischritt Praxis-Theorie-Praxis (Hans, Z. 149-155), was bedeutet, dass die behandelten Inhalte aus der Praxis entlehnt werden und zugleich auf die Praxis vorbereiten sollen. Dies geschieht auch im Sinne der Teilnehmerorientierung, indem an die Erfahrungen der Teilnehmenden angeknüpft wird (Stefan, Z. 34-35). Durch einen übergreifenden Bezugsrahmen sollen diese Strukturen und Prozesse erkennen und Handlungsmöglichkeiten aus dem neuen Wissen heraus entwickeln (Klara, Z. 71-75).

8.1.4 Resümee der inhaltsanalytischen Ergebnisse

Die Ergebnisse der Dozierendeninterviews ermöglichen Einsichten, wie die Aspekte der Lehr-Lernkultur gestaltet werden und aus ihrer Sicht eine Wirkung entfalten. Durch das Expertenwissen wird ein Einblick in das didaktische Vorgehen möglich, wobei sich insbesondere die Teilnehmerorientierung und das erfahrungsbasierte Lernen durch alle Bereiche ziehen. Die Seminargestaltung stellt den Lernenden in den Mittelpunkt, die Dozierenden sehen sich in der Rolle des Anleiters, sie geben Hilfestellung für die Entwicklung von Wissen. Zugleich verfügen sie in der Theorie über einen Wissensvorsprung, den sie weitergeben wollen. Dies geschieht durch eine gezielte Auswahl von Methoden, die ein aktives Lernen fördern (z. B. Arbeitsgruppen, Eigenarbeit oder spielerische Elemente). Indem die

TeilnehmerInnen sich die Lerninhalte selber erarbeiten, ist eine langfristige Verankerung möglich. Dies zeigen auch die Ergebnisse der Teilnehmerinterviews. Insgesamt bestätigen die Aussagen der TeilnehmerInnen die sinnstiftende Gestaltung der Lehr-Lern-Situation in Bezug auf Methoden und die Verknüpfung der Inhalte zu einem Gesamtbild. Auch die Beziehungen, die sich über die Dauer des Kurses entwickeln, fördern den Lernprozess. Obgleich einige Wirkungen der Beziehungsstrukturen, wie der Einfluss auf Führungsstile, von den Dozierenden nur vermutet werden können, so bestätigen die TeilnehmerInnen den konstruktiven Einfluss auf den eigenen Lernprozess durch den Gruppenzusammenhalt.

Die Angaben aus den Interviews konnten zudem durch die teilnehmende Beobachtung gestützt werden. Der kurze Ausschnitt aus dem Akademiekurs verdeutlicht die von den Dozierenden angesprochene Methodenwahl und ermöglichte einen Einblick in die Interaktionsformen zwischen Dozent und TeilnehmerInnen.

Zusammengenommen schaffen die Interviews und die Beobachtung Einsicht in das „wie", wie werden Lehr-Lern-Arrangements gestaltet, wie werden einzelne Aspekte wie Zeit oder Ort eingebunden. Dazu steht die didaktische Gestaltung am Beginn der intentionalen Wirkungsentfaltung, da die Pädagogen mit ihrer Arbeit ein Ziel verfolgen. Dies kann im wesentlichen als Befähigung der TeilnehmerInnen zu eigenständigem, kritischem Denken und daraus folgend politischem Handeln beschrieben werden.

Hier schließt sich die Frage nach dem individuellen Entfaltungshintergrund an, auf den die pädagogische Arbeit im Akademiekurs fällt. Die strukturierende Inhaltsanalyse liefert an dieser Stelle Aussagen dazu, wie die Dozierenden ihren Beitrag zu den intentionalen Wirkungen leisten. Ob und wie sich diese langfristig entfalten, lässt sich zum einen erst im Anschluss beobachten und ist zum anderen individuell unterschiedlich. Die zusammenfassende Inhaltsanalyse der Teilnehmerinterviews bietet Einblicke, welche Wirkungen sich entfaltet haben und welche Bezüge zum Seminarangebot hergestellt werden.

Dazu zählt beispielsweise die Förderung eines in der Regel schon vorher bestehenden politischen Interesses und Engagements. Der Kurs nimmt die Rolle eines Verstärkers, eines Auslösers für politisches Handeln ein. Sehr wichtig für die TeilnehmerInnen sind die veränderten Lernprozesse, was sich durch den Mut und das Interesse, wieder zu lernen, zeigt, aber auch durch die gewonnenen Lernmethoden und -möglichkeiten. Daraus haben die TeilnehmerInnen Selbstvertrauen für ihre gewerkschaftliche Arbeit gezogen. Das neu erworbene Wissen war ein wichtiges Fundament für die berufliche Entwicklung im Anschluss. Ebenfalls förderlich war das erworbene Verständnis für Strukturen und menschliches Verhalten. Das kritische Denken der TeilnehmerInnen und der Wunsch, Zusammenhänge zu verstehen, wurden durch den Kurs ausgebaut. Die Interviews mit TeilnehmerInnen aus Kursen der vergangenen Jahre deuten darauf hin, dass sich diese Denkweise verankert hat.

Die Ergebnisse der Interviews zeigen ausschnitthaft Wirkungen des Akademiekurses aus unterschiedlichen Perspektiven. Durch den Vergleich von ehemaligen und neuen TeilnehmerInnen wird es zudem möglich, Aussagen über langfristige Entwicklungen zu gewinnen. Die Aussagen der Teilnehmenden zur Seminargestaltung bestätigen die didaktischen Intentionen, die von den Dozierenden beschrieben wurden. Insgesamt ergibt sich ein schlüssiges Gesamtbild über den Einfluss der Lehr-Lern-Situation auf die Wirkungen.

Die Inhaltsanalysen liefern Erkenntnisse in das „wie", die Gestaltung und intentionale Wirkung des Seminars und das „was" der entfalteten Wirkungen. Dazwischen steht jedoch die Frage danach, warum und wie sich die Wirkungen auf die jeweilige Weise entfaltet haben. Die rekonstruktive Analyse des individuellen Entfaltungsraumes der TeilnehmerInnen versucht, diese Lücke zu schließen und mehr Einblicke zu eröffnen, warum das Seminar eben diese Wirkung entfalten konnte.

8.2 Rekonstruktive Auswertung

In der inhaltsanalytischen Auswertung der Interviews wurde deutlich, dass die Teilnehmenden des Akademiekurses schon vorher Mitglied einer Gewerkschaft waren und teils im Betrieb gewerkschaftspolitisch aktiv arbeiten, indem sie sich für die Interessen ihrer Kolleginnen und Kollegen einsetzen. Einige Teilnehmende besuchten vor dem Akademiekurs schon andere, teils gewerkschaftspolitische Bildungsseminare. Viele sehen im Akademiekurs einen Teil ihrer gewerkschaftspolitischen Weiterqualifizierung. Die Teilnehmenden sind also schon politisch interessiert. In den nachfolgenden beiden Fallbeispielen wird nun versucht, die Genese des politischen Interesses teilweise zu rekonstruieren. Die beiden Teilnehmenden wurden ausgewählt, da sich in den beiden Interviews viele Aspekte in deutlicher Form wiederfinden, wie sie auch in den anderen Interviews angesprochen wurden (vgl. Themenmatrix, Anlage 1). Die beiden Interviews ermöglichen in besonderer Weise Einblick in die Genese politischen Interesses. Die Darstellung der beiden Fälle steht dementsprechend stellvertretend für die anderen Interviews. Die Einblicke in die Ausprägung politischen Interesses reichern auch die zuvor dargestellten Wirkungen des Akademiekurses beispielhaft mit biographischen Hintergründen an. Im Rahmen einer vollständigen, systematischen Rekonstruktion könnte anhand der hier erprobten Vorgehensweise auch eine Typenbildung für alle geführten Interviews vorgenommen werden. Dies stand nicht im Vordergrund der hier dargestellten Machbarkeitsstudie. Im Rahmen der Machbarkeitsstudie sollte zunächst geprüft werden, ob anhand der Rekonstruktion einer Kategorie – hier der Kategorie „Biografie: Zugang, Ausprägung politisches Interesse" – Informationen gewonnen werden können, die in Kombination mit einer inhaltsanalytischen Auswertung differenzierte Einschätzungen von individuellen Wirkungszuschreibungen ermöglichen.

8.2.1 Das Beispiel Ralf: Kindheits- und Jugenderfahrungen und die Möglichkeit, in der Arbeitswelt daran anzuschließen

Beruflicher Werdegang Ralf

Vor der Wende absolvierte Ralf eine Ausbildung zum Elektriker bei der Bahn. Anschließend leistete er seinen Militärdienst ab. Nach der Wende arbeitete Ralf bei mehreren Unternehmen in unterschiedlichen Tätigkeitsbereichen. Neben seiner Beschäftigung als Elektriker arbeitete er unter anderem im technischen Kundendienst, in der Industriewasseraufbereitung im Bereich Logistik und Technik im Gastronomiebereich. Auch Arbeitslosigkeit prägte die Erwerbsbiografie von Ralf. Nachdem er ein Jahr als Leiharbeiter gearbeitet hatte, arbeitet Ralf seit 2002 beim Automobilhersteller CAR in einem festen Arbeitsverhältnis.

Nachdem das gesamte Interviewtranskript in thematische Segmente unterteilt wurde, um einen Überblick über die Gesprächsinhalte zu erhalten, wurden in einem zweiten Schritt auch für die Kodierung „Biografie: Zugang, Ausprägung politisches Interesse " eine thematische Unterteilung (Segmentierung) vorgenommen und anhand von Überschriften die Inhalte der Segmente verdichtet (vgl. Kapitel 7.5). Für die Verdichtung der Gesprächsinhalte innerhalb der genannten Kodierung wurden für das Gespräch mit Ralf folgende zusammenfassende Überschriften formuliert:

1. Überraschung Mitbestimmung CAR[21]

2. Anschluss eigene Lebensbiografie

3. IGM-Werdegang

4. Einschub Selbstbild, Biografie

5. IGM-Werdegang, Funktionärsbildung

6. Thema Abschlussarbeit

7. Aufwachsen in der ehemaligen DDR

8. Goldener Westen

9. CAR – wieder aktiviert

10. Parteiverdrossenheit – Gewerkschaft

11. Verständnis politische Bildung

12. Zukünftige Ziele

Die Gesprächsinhalte der Segmente wurden in einem weiteren Schritt zusammengefasst in die Bereiche „*Anschlussmöglichkeit Automobilfabrik*", „*Skeptische Haltung – die Rolle der Kirche*" und „*Gewerkschaftsarbeit und Politikverständnis*". Die nachfolgenden Ausführungen sollen einen Einblick in die Ausformung des politischen Interesses von Ralf ermöglichen. Gebündelt als Hauptthema, welches im Verlauf des Gesprächs immer wieder auftaucht, versucht die vorgenommene Rekonstruktion, einen Einblick in den „Entfaltungsraum" zu ermöglichen, um die von Ralf geäußerten Wirkungen des Akademiekurses anschließend besser verorten zu können.

Im Gespräch finden sich zwei längere biographische Erzählungen, in denen

---

21 Anonymisierte Bezeichnung

Ralf über seine Berufsbiografie und Prägung im Bereich des politischen Interesses spricht. Häufig finden sich Beschreibungen und selbst formulierte Frage-Antwort-Konstellationen, in denen Ralf selbst Erklärungen und Begründungen liefert.

Detailanalyse: Konstituierende Themen
Anschluss finden – die Möglichkeit der Mitbestimmung in der Automobilfabrik CAR

Die Möglichkeit der Mitbestimmung im Arbeitsleben wird gleich zu Beginn des Interviews als ungewöhnlich beschrieben und unmittelbar mit der eigenen Biografie vor der Wende verbunden: *„Das fand ich gut aus meiner früheren Lebensbiografie"* (Z. 17-18). Mitbestimmung bezeichnet Ralf als Ausnahme im bisherigen Arbeitsleben, die *„(…) außerhalb dieses Betriebes überhaupt nicht präsent ist in anderen Betrieben"* (Z. 16). Während Ralf von mehreren unsicheren, teils belastenden und mitbestimmungsfreien Arbeitsmöglichkeiten berichtet[22], unterstreicht er am Ende der biographischen Erzählung mit dem Begriff des *„Regenschirms"* (Z. 306), unter dem man sich ausbreiten kann, die sonst nicht kennen gelernte Möglichkeit der Mitbestimmung. Die Metapher des Regenschirms – überall Regen, nur ein kleiner Ort bietet Schutz – verdeutlicht dies. Die Möglichkeit, in einer Automobilfabrik zu arbeiten, bietet Ralf mit dem Schutz auch die Gelegenheit, an frühere Erfahrungen der Mitgestaltung anzuknüpfen und weiterzuführen, ähnlich einem Erwachen aus einem Schlaf, einer Pause, die Ralf mit dem Zeitraum kurz vor der Wende bis zur Arbeit in der Automobilfabrik skizziert: *„(…) aus meinem früheren Leben, Politik hat mich interessiert. Ich war immer im Osten dagegen, das hat mir auch einigen Gegenwind beschert und das konnte ich hier weitermachen"* (Z. 27-29). Ohne die Plattform, die ihm in der Automobilfabrik und ihren Mitbestimmungsmöglichkeiten durch die gewerkschaftlichen Strukturen geboten wurde, wäre Ralf nach eigener Ansicht politisch selbst nicht aktiv. Sie ermöglichten ihm, an Vorerfahrungen anzuschließen und gewerkschaftspolitisch aktiv zu werden: *„Da arbeiten zu können, jeden Tag und so weiter… Tja und da*

---

22 Seine Arbeit im Kundendienst hat er unter anderem wegen schlechter Arbeitsbedingungen aufgegeben: *„Weil es wurde immer mehr Arbeit, immer weniger Kollegen. Die Arbeit blieb die Gleiche. Die Menschen, die sie abzuleisten hatten, wurden immer weniger und fast arbeiten bis rund um die Uhr"* (Z.122-124).

hab ich mich irgendwie wieder aktiviert gefühlt" (Z. 275-276).

Perspektivenvielfalt und skeptische Haltung – die Rolle der Kirche

Das frühere Leben, insbesondere Einblicke in die eigene politische Prägung, beschreibt Ralf neben ersten Anmerkungen zu Beginn des Gesprächs ausführlicher auf die Nachfrage hin, wie er selbst politisch-interessiert wurde. Zunächst finden sich erste Anmerkungen zum politischen Interesse zu Beginn einer längeren Erzählung über die eigene Berufsbiografie. Mit Erwähnen der Wende weist Ralf auch auf seine Skepsis am politischen System der damaligen DDR hin und bietet selbst, sprachlich in Form einer Antwort auf seine Frage *„Und politisch? Na ja, irgendwie hab ich mir gedacht, das ist alles so nicht in Ordnung. Und warum wohl?"* (Z. 93-94), eine Erklärung: *„Weil auch die Kirche relativ geprägt hat. Einen politischen Gegenpol gezeigt hat"* (Z. 94). Mit dem Hinweis auf das Westfernsehen, das auch zu einer *„...anderen Sicht der Dinge"* (Z. 95) beigetragen habe endet der erste Hinweis auf die Ausprägung politischen Interesses. Ausführlicher skizziert Ralf die Rolle der Kirche für die eigene Prägung des politischen Interesses später im Gespräch, als explizit die Nachfrage zur Prägung gestellt wurde.

Neben den Kontakten zu in den Westen geflohenen Verwandten und Schulfreunden der Mutter war es die katholische Erziehung und Kirche, die Ralf andere Sichtweisen als die des Staates ermöglichten und eine skeptische und kritische Sichtweise bei ihm ausprägten: *„Ich denke, aus diesem Erlernen dieser, dieser verschiedenen Aspekte einer Sache ..., dass man da angefangen hat, weiß nicht, auch mal um die Ecke zu denken oder zu sagen, das ist nicht.. die eine Seite der Medaille ist nicht alles. Es gibt nicht nur zwei Seiten der Medaille, es gibt auch drei Seiten der Medaille"* (Z. 229-233).

Neben unterschiedlichen Sichtweisen und einer skeptischen Haltung nennt Ralf auch *„christliche Werte"* (Z. 236), die ihn prägten. Fragen des Zusammenlebens und Arbeitens, die sein Pfarrer immer auch system-kritisch formulierte, beeindrucken Ralf. Am Beispiel seiner Weigerung, Jugendlichen mit Jugendweihe die Firmung zu geben, wird dies deutlich. Die konsequente Haltung des Pfarrers – sich für etwas entscheiden und dafür einzustehen – wird für Ralf zur Orientierung, auch für die eigene

Entscheidung Jugendweihe oder Firmung. Das Verhalten des Pfarrers beeinflusst seine Haltung: *„Das war auch ein Grund, wo ich gedacht habe, naja so unrecht hat er ja nicht. Kannst ja da nicht zweigleisig fahren. Von beiden Seiten nimmst du das Tolle"* (Z. 245-246). Im weiteren Gespräch beschreibt Ralf, wie andere dennoch beides getan haben und Vorteile im System daraus ableiteten. Die Beurteilung dieses Verhaltens beschreibt Ralf mit moralischen Kategorien wie *„ungerecht"* (Z. 253), *„unfair"* (Z. 262), die unter Umständen auf die angesprochene kirchliche Prägung hinweisen: *„...die haben nur die Vorteile gesucht. Und das ist ungerecht. Aber sie haben die Chancen genutzt, die das System geboten hat. Und die Leute, die sich bemüht haben und nicht gelogen haben, die haben das Nachsehen gehabt"* (Z. 253-255). Die Beschreibung der anderen dient Ralf als Beschreibung der damaligen Situation und zugleich auch zur Abgrenzung der eigenen Person (vgl. Przyborski & Wohlrab-Sahr 2014, S. 236). Die Erfahrungen der erlebten Ungleichbehandlung im damaligen Bildungssystem wirken sich auch auf das Verständnis von Politik aus, denn bei den Entscheidungen über Bildungsverläufe spielten nach Ansicht von Ralf die vorhandenen Begabungen eine Nebenrolle: *„Es ging nicht um Können, es ging um Politik"* (Z. 261-262).

Mit Erwähnen der Beschäftigung in der Automobilfabrik endet die längere Erzählpassage. Zugleich schließt sich für Ralf ein Kreis, indem er an Themen seiner früheren kirchlichen Prägung, wie zum Beispiel die angesprochenen Fragen nach dem Zusammenleben und Arbeiten, durch die Mitbestimmungsmöglichkeiten in der Automobilfabrik anschließen kann: *„Deswegen kam mir jetzt bei CAR so ziemlich gut, also ziemlich gelegen, dass mir dort die Plattform geboten wurde, im Prinzip dort mitzugestalten. Und nicht von oben gedrückt, sondern das Miteinander, wie geht man miteinander um. Kräfteverhältnisse, wie macht man was? Dass man sich in den gegebenen Rahmen gut orientieren, gut verhalten kann – vielleicht auch ein stückweit den Rahmen erweitert. Und da fühlte ich mich wieder aus meiner Jugend abgeholt und gesagt, das hat mir früher Spaß gemacht, (..) nicht, um wie der Pinguin mit dem Schild >ich bin dagegen< einfach nur um dagegen zu sein, sondern um aktiv etwas mitgestalten zu können"* (Z. 269-275).

Gewerkschaftsarbeit und Politikverständnis

Die Möglichkeit, mitgestalten zu können, findet Ralf in der gewerkschaftlichen Interessensvertretung im Betrieb. In nur wenigen Jahren gelingt es ihm, selbst als Interessensvertreter für andere Mitarbeitende gewählt zu werden. Kurze Zeit später gelingt es ihm gar, in die Interessensvertreterleitung gewählt zu werden: *„Ja und dann habe ich mich immer mehr und mehr eingemischt, engagiert und war auch auf Betriebsversammlungen vorne, habe gesprochen, auf Abteilungsbetriebsversammlungen habe mich dafür, für meinen Bereich, meine Kollegen da als Wortführer irgendwo hingestellt, mehr oder minder erfolgreich – entscheiden wohl doch erfolgreich, dass ich in meiner ersten Periode auch in die Vertrauenskörperleitung gewählt wurde"* (Z. 20-24). Über das Erreichte berichtet Ralf in einer Mischung aus Stolz und Bescheidenheit: *„Also, nach dreieinhalb ... dreieinhalb Jahre Vertrauensmann und dann gleich in die Leitung. Ja gut, zur richtigen Zeit am richtigen Ort gewesen. Der eine Kollege ist aus Krankheitsgründen.. hat der schon gefehlt ein Jahr und ist dann in Vorruhestand gegangen. Wäre das nicht passiert, wäre da auch keine Wahl gewesen. Aber irgendwie ist man auf mich aufmerksam geworden und hat mich auch angesprochen, von außen"* (Z. 150-154). Nach der Wahl empfiehlt man Ralf, den Akademiekurs zu besuchen. Zuvor hatte er schon mehrere gewerkschaftlich organisierte Bildungsseminare besucht, einfach weil ihn politische Seminare interessierten (Z. 25). Die Bedeutung des persönlichen Interesses an politischer Bildung zeigt sich auch an anderer Stelle, an der Ralf neben qualifikatorischem Interesse für die gewerkschaftliche Arbeit die grundsätzliche Anforderung, lebenslang zu lernen, insbesondere auch, um die eigene persönliche Bildung zu fördern, als Motiv nennt: *„Weil ansonsten ein Leben lang nur in der Arbeitswelt zu hocken – da lernt man zwar auch, fachspezifisch, aber der Rest ist weg. Deswegen ist so Bildung, um mehr Überblick zu bekommen, den Horizont zu erweitern, auch vielleicht andere fachspezifische Bildung – Funktionärsbildung – zu machen, ungeheuer wichtig"* (Z. 160-163).

Das eigene Bildungsverständnis spiegelt sich auch in der Antwort wider, die Ralf auf die Frage formuliert, wie politische Bildung sein müsste. Sie müsse aufklären, Zusammenhänge und Hintergründe verdeutlichen. Viele hätten durch die Arbeits- und Lebensgestaltung nicht mehr die Kraft und

Zeit, sich differenziert mit Themen auseinanderzusetzen: „*...den Leuten wird weniger Zeit gegeben und sie nehmen sich durch diese Schnelllebigkeit der Gesellschaft nicht mehr die Zeit, sich intensiv mit etwas zu befassen, bis dahin, dass ihnen die Rahmenbedingungen für Ruhepole genommen wird"* (Z. 327-329). Hier müsse politische Bildung ansetzen, Raum und Zeit ermöglichen – „*Durchblickerseminare*" (Z. 355) anbieten.

Die Frage, warum er sich nicht schon vor der Tätigkeit in der Automobilfabrik politisch engagiert habe, beantwortet Ralf zunächst mit dem Hinweis, dass er sich keiner politischen Partei nahe gefühlt habe. Als Erklärung verweist er auf negative Erfahrungen vor und nach der Wende. War es vor der Wende die erwähnte Skepsis vor vorgegebenen Ansichten und Bildungsungerechtigkeiten, so sind es nach der Wende nicht eingehaltene Versprechen der Parteien, die Ralf als „*oberflächliche Floskeln*" bezeichnet und Misstrauen bei ihm hervorrufen. Hinzu kommt ein Partei- und Fraktionszwang, den Ralf aufgrund seines meinungseinschränkenden Charakters ablehnt. In der gewerkschaftlichen Interessensvertretung fühlt sich Ralf besser aufgehoben. Hier könne er die Gewerkschaft selbst, aber auch parteiübergreifend kritisieren: „*Da hab ich nicht so den Zwang dieser Fraktion >Gewerkschaft<, sondern es betrifft ja alle. Alle, die hier irgendwo rumarbeiten. Ob das ein Schlipsträger ist oder ein Latzhosenträger, sind alles irgendwo systemabhängig Beschäftigte*" (Z. 298-301). Hier lässt sich auch ein Anschluss an Fragen des Zusammenlebens und -arbeitens erkennen wie sie Ralf in der Erzählung der kirchlichen Prägung beschreibt.

Für die eigene zukünftige gewerkschaftliche Arbeit sieht Ralf gerade in der Authentizität im Umgang mit Politikern eine zentrale Aufgabe, die er in seiner Leitungsfunktion umsetzen möchte: „*...ich kenn das mit der Fassade – messet die Menschen an ihren Taten, nicht an ihren Worten*" (...) *Und da versuche ich immer auch eine gewisse Balance zu finden von Gesprochenem und Getanem, um sie manchmal auch beim Wort zu nehmen*" (Z. 409-412).

Hauptthema
Der Blick dahinter und Authentizität
Im Gespräch bzw. in den hier dargestellten Ausführungen taucht ein Aspekt auf, der aufgrund seiner Wiederholung (vgl. Brinker u.a. 2014, S. 54) an unterschiedlichsten Stellen im Gespräch als ein zentrales Thema

bezeichnet werden kann: die Skepsis gegenüber den scheinbaren Gegebenheiten. Zu Beginn der biographischen Erzählung weist Ralf darauf hin, wie wichtig es sei, nicht nur zwei Seiten einer Medaille zu kennen: *„Es gibt nicht nur zwei Seiten der Medaille, es gibt auch drei Seiten der Medaille"* (Z. 232-233). Damit verweist er auf die Bedeutung zunächst nicht sichtbarer Gegebenheiten. An anderer Stelle, als er von seinen Eindrücken im Westen und der politischen Desillusion berichtet, taucht das Motiv im Begriff der *„Fassade"* auf. Bezogen auf die von ihm wahrgenommenen politischen Verhältnisse nach der Wende spricht er davon, wie die tatsächlichen Verhältnisse *„unter den Teppich"* (Z. 285) gekehrt wurden und lediglich *„oberflächliche Floskeln"* (Z. 285-286) zu hören gewesen seien. Entsprechend sieht er eine der Hauptaufgaben politischer Bildung auch darin, in *„Durchblickerseminaren"* Teilnehmenden Hintergründe und Zusammenhänge näherzubringen. Für die eigene gewerkschaftspolitische Zukunft wünscht er sich, die Balance zwischen Gesprochenem und Getanem zu finden.

Die Wirkungen des Akademiekurses im Lichte der Rekonstruktion

Die angesprochenen Motive, Prägungen und Hauptthemen konstituieren den Entfaltungsraum, in dem die Beurteilung des 6-Wochenkurses einzuordnen ist. An mehreren Stellen im Gespräch weist Ralf darauf hin, dass der Besuch des Akademiekurses ihm eine andere Sicht der Dinge, einen anderen Blickwinkel beschert habe, nicht nur im Mainstream zu schwimmen (Z. 45-47). Die Funktion des Akademiekurses beschreibt er als *„Grundlage für's Aufsatteln und Weitermachen"* (Z. 55), ein *„Startschubs"* (Z. 56), ein „Schubser in die richtige Richtung", bei dem neben dem durch die Themen vermittelten Einblick in Zusammenhänge auch das strukturierte Arbeiten hilfreich gewesen sind.

Ralf beschreibt die Methoden, besonders die Eigenarbeit und die Auseinandersetzung mit Texten als sehr hilfreich (Z. 50). Obgleich diese Art der Arbeit (Denkarbeit) im ersten Moment ungewohnt war (Z. 36-37), hat sie ihm *„eine etwas andere Sicht der Dinge"* beschert (Z. 38), wie auch der Begriff *„horizonterweiternd"* (Z. 369) verdeutlicht. Den Akademiekurs beschreibt er im Ganzen als *„Feinjustierung"* (Z. 431) einer kritischen, hinterfragenden Denkweise. Da Ralf schon vorher diese Grundhaltung

hatte, ergaben sich für die Inhalte und Methoden des Kurses gute Anschlussstellen, die ihn in seiner Haltung bestärkt und gefestigt haben.

Die Möglichkeit, sich intensiv mit Themen auseinanderzusetzen und mit
Gesprächspartnern zu diskutieren, war für Ralf eine gute Vorbereitung
auf die anschließende Arbeit an politisch-gewerkschaftlichen Themen:
*„Haste ja viel Denkarbeit zu leisten und Kommunikationsarbeit, und das
ist ... dieser 6-Wochenkurs ist dadurch durchaus hilfreich gewesen und im
Rückblick eine Grundlage für's Aufsatteln und Weitermachen"* (Z. 53-55).
An anderer Stelle bezeichnet Ralf die Wirkung des Akademiekurses als
„Katalysator" (Z. 173), der ihn angeregt hat, sich weiter gewerkschaftlich zu
beteiligen, und ihm eine Basis für strukturiertes Arbeiten mitgegeben hat.

Die Lehrenden hat Ralf als sehr kompetent wahrgenommen, die durch
ihre aktivierende Gestaltung des Seminars den TeilnehmerInnen die
Themen und Methoden gut vermittelt haben: *„Haben auch genügend
gefordert, denk ich mal. Nicht nur ,ich schmeiß euch mal da was hin und
ich bin der Erzähler, sondern ihr seid jetzt auch gefordert und hier und da'
und das ist auch etwas mehr als nur ein ganz normaler Bildungsurlaub
gewesen"* (Z. 349-352). Das pädagogische Vorgehen, die Aufforderung und
Unterstützung zur Selbsterarbeitung bietet Ralf die Möglichkeit, sich selbst
einzubringen und an biographischen Erfahrungen anzuschließen. Dies
lässt sich auch an seiner schriftlichen Ausarbeitung zum selbstgewählten
Thema des Mauerbaus ablesen.

Insgesamt hat der Akademiekurs Ralfs kritische Grundhaltung, seine
Tendenz, Sachverhalte zu hinterfragen, gestärkt. Der Kurs war für ihn
eine gute Möglichkeit, aus dem Arbeitsleben heraus neue Denkrichtungen
zu erschließen: *„Es ist ein Startschubs, dass man aus dieser Arbeitswelt
heraus, Maloche, nicht viel denken oder nur fachbezogen denken, halt in
dieses wirtschaftliche, soziologische, politische Denken so ein bisschen mehr
hineinkommt"* (Z. 56-58). Ralf erachtet kommunikative und kritische
Fähigkeiten als bedeutend für hohe Gewerkschaftsfunktionen, in denen
Möglichkeiten der Einflussnahme bestehen und eine Auseinandersetzung
mit Politikern nötig ist. Hier kommt wieder zu Tage, dass er eine kritische
Haltung gegenüber der Politik, gegenüber der Fassade hat (Z. 405-413). Insbesondere, da es für Gewerkschaftsfunktionäre keinen Ausbildungsberuf

gibt, erachtet Ralf den Akademiekurs als wichtige Station der Vorbereitung auf entsprechende Aufgaben und um sie anzuregen, sich weiterzubilden (Z. 168-169).

Befragt nach seinem Verständnis von politischer Bildung wird deutlich, dass politische Bildung allgemein und gewerkschaftliche Bildung im Besonderen auch Thema an Schulen sein sollte: *„Da findet Betriebswirtschaft statt, aber Arbeitnehmer und Interessen, was es so alles gibt, das verliert immer mehr an Wichtigkeit und ist oftmals nicht Lehrthema an Schulen. Und das sehe ich als Bildungsproblem dieses Landes an"* (Z. 316-318). Daraus schlussfolgert Ralf die hohe Bedeutung von lebenslanger Weiterbildung, insbesondere politischer Bildung. Wichtig ist ihm dabei auch der Aspekt ‚Zeit für Bildung', da insbesondere die Aha-Erlebnisse politischer Bildung nicht in wenigen Stunden zu erreichen sind. Daher konnte der 6-Wochen-Kurs bei Ralf seine Wirkung auch über die Zeitdimension entfalten, mit *„der notwendigen Intensität und der notwendigen Zeit für die Teilnehmenden"* (Z. 390).

Das didaktische Konzept, welches demokratischen Prinzipien folgt und die Teilnehmer aktiv in den Unterricht einbindet, als auch die Möglichkeit der Eigenarbeit, des selbstverantwortlichen Lernens, fanden bei Ralf Anschluss an seine biografischen Erfahrungen. Die Zielsetzung, die Teilnehmer zu kritischem Denken und dem Denken in Zusammenhängen anzuregen, traf bei Ralf ebenfalls auf eine schon vorhandene Grundhaltung, die durch das Seminar noch verstärkt und um methodische Werkzeuge wie strukturierte Textarbeit erweitert wurde. Letztlich hat Ralf in dem Kurs den Auslöser gesehen, sich weiter gewerkschaftlich zu engagieren und auch verantwortungsvollere Positionen zu vertreten, da er sich kommunikativ und rhetorisch gut vorbereitet gefühlt hat. Zusammenfassend kann festgehalten werden, dass der Akademiekurs dazu beigetragen hat, die eigene kritische Haltung zu festigen.

8.2.2 Das Beispiel Eric: Einblick in das Zusammenspiel prägender Personen, Lebenssituationen und beruflicher Entwicklung

Werdegang: Nach der Hauptschule, einer Ausbildung zum Betriebsschlosser und dem Ableisten des Grundwehrdienstes holte Eric über den zweiten Bildungsweg mittlere Reife und das Fachabitur nach. Anschließend studierte er Maschinenbau. Eric ist seit 1987 bei CAR beschäftigt. Im Jahr 1988 trat er in die IG-Metall ein, wo er ab 1992 als Vertrauensmann ehrenamtlich tätig war. Im Jahr 2003 rückte er in den Betriebsrat nach.

Bei Durchsicht der Kodierung „Biografie: Zugang bzw. Ausprägung politisches Interesse" entstand eine Gliederung der Gesprächsinhalte, die mit den nachfolgenden Überschriften gebündelt wurde:

1. Einstieg Gewerkschaftsarbeit

2. Politische Bildung: Aufgaben und Probleme der Betriebsratsarbeit

3. Biografie: Elternhaus – berufliche Entwicklung
   a) Prägende Personen
   b) Prägung politisches Interesse
   c) Kontext beruflicher Veränderung, politisches Interesse
   d) Prägung: Rolle des Elternhauses und gewerkschaftlicher Organisation

4. Probleme der Betriebsratsarbeit

Die Segmente wurden in einem weiteren Schritt zusammengefasst in die Bereiche *„Gewerkschaftsarbeit"* und *„prägende Personen und Kontextbedingungen"*. Die nachfolgenden Ausführungen sollen wie bei „Ralf" einen Einblick in die Ausformung des politischen Interesses ermöglichen. Gebündelt als Hauptthema, welches im Verlauf des Gesprächs immer wieder auftaucht, versucht die vorgenommene Rekonstruktion einen Einblick in den „Entfaltungsraum" zu ermöglichen, um die von Eric geäußerten Wirkungen des Akademiekurses anschließend besser verorten zu können.

Das Gespräch beginnt mit der Einordnung des Akademiekurses in den gewerkschaftlichen Werdegang. Nach Anmerkungen zur Gestaltung und Wirkung des Akademiekurses finden sich Einblicke in die biographische Entwicklung in der zweiten Hälfte des Gesprächs. Im Mittelpunkt der biographischen Erzählung steht der Einfluss prägender Personen auf den beruflichen Werdegang. Weniger lange, selbst generierte Erzählpassagen als vielmehr ausführliche Antworten auf gestellte Fragen prägen dabei das Gespräch.

Detailanalyse: Konstituierende Themen
Gewerkschaftsarbeit

Eric beginnt das Gespräch mit dem Zeitpunkt, als er mit der Gewerkschaftsarbeit als Vertrauensmann begann. Wie es dazu kam, führt er später im Laufe des Gesprächs im Rahmen einer längeren biographischen Erzählpassage aus. Zunächst hatte er keine weiteren Ambitionen, gewerkschaftspolitisch aktiv zu werden. Erst als er Jahre später angesprochen wurde ob er sich nicht auch vorstellen könne, sich für die Betriebsratstätigkeit zu interessieren rückt, diese berufliche Entwicklung in den Bereich des denkbar Möglichen. Die Nachfrage fällt in eine Zeit, in der Eric unzufrieden ist mit der bestehenden Arbeitssituation und Berufsperspektive. Das Zusammenspiel, die Passung zwischen eigener Lebens- und Arbeitssituation und der Wegweisung durch prägende Personen ist ein Motiv, das sich an mehreren Stellen im Gespräch wiederfindet: *„Aber auch ja, das ist manchmal auch wichtig, dass man zur richtigen Zeit ... aber das man so zur richtigen Zeit am rechten Platz ist und da mal ein Impuls kommt und man den auch dann annimmt"* (Z. 320-322).

Gefragt nach seinem Verständnis von politischer Bildung betont Eric die Herausforderung, Bildungsangebote auch in Projektform anzubieten. Viele Erwachsene und engagierte Vertrauensleute könnten heute aufgrund privater und beruflicher Verpflichtungen nicht mehr mehrwöchige Seminare besuchen. Eric selbst hält dennoch die Möglichkeit eines mehrwöchigen Kurses wie den Akademiekurs für hilfreich, da man ausgelöst aus der Arbeitswelt mit Abstand sich intensiv mit Themen und Zusammenhängen beschäftigen könne. Er selbst genoss den damaligen Akademiekurs, auch weil es für ihn die Möglichkeit bot, im Gespräch und Austausch mit Kollegen tiefer in die Strukturen des neuen Tätigkeitsfeldes als Betriebsrat der IG-Metall zu schauen. Heute nach mehrjähriger Berufserfahrung als Betriebsrat wünscht sich Eric ein stärkeres Mandat von den Kollegen. Viele nähmen die Arbeit und Ergebnisse der Betriebsrats- und Gewerkschaftsarbeit mittlerweile als selbstverständlich an.

Prägende Personen, Lebenssituation und berufliche Entwicklung

Auf die Frage nach der eigenen Bildungsbiografie folgt eine längere Erzählpassage, die Eric mit einer gesellschaftlichen Selbstverortung beginnt:

„*Ich komme aus einem reinen Arbeiterhaus, wie das immer so schön heißt*"
(Z. 201). Eric formuliert damit einen Bezugspunkt, auf den hin seine
weitere Entwicklung immer wieder rückzubeziehen ist, auch wenn der
Bildungsweg formal zunächst von Erwartungen abweicht: „*Bei mir stand
damals sicherlich am Anfang nie irgendwo ins Buch geschrieben, der wird
mal Diplomingenieur und beschäftigt sich mit Fahrzeugen oder wird ir-
gendwann Betriebsrat, sondern ... der erlernt mal einen Beruf auf dem
Land und das war's dann*" (Z. 201-204). *Beeinflusst wurde der abweichende
Verlauf durch Menschen, die ihn „ein bisschen geprägt haben*" (Z. 205).
Der Bildungsaufstieg – „*komplett den zweiten Bildungsweg durchgezogen*"
(Z. 206) – bleibt gebunden an die Herkunft, was sich auch in der Wahl
politischer Parteien niederschlug: „*Von zuhause gab's schon immer eine
Ansage, zumindest die politische Ansage, wen man wählt, denn denk dran,
wen du wählen musst. Du gehörst immer noch zu einer bestimmten Schicht*"
(Z. 207-209).

Im weiteren Gespräch geht Eric näher auf einige prägende Personen ein, die
seinen Qualifizierungsweg sicherlich mehr als ein „bisschen" beeinflusst
haben, wie sich an anderer Stelle lesen lässt. So erhielt er einen wichtigen
„*nötigen*" (Z. 247) Impuls von einem Berufsschullehrer, auf den er in seiner
Ausbildung und Jahre später beim Besuch der Fachoberschule wieder
traf. Das Kennenlernen des Berufsschullehrers bezeichnet Eric selbst als
„*großes Glück*" (Z. 235). Er ist es, der ihn darauf hinweist, mehr machen
zu können als lediglich sich beruflich zu qualifizieren. Dennoch studiert
Eric zunächst Maschinenbau. Zu dieser Zeit stand stark die Technik
im Vordergrund. Erst als Eric eine feste Beziehung hatte, seine heutige
Frau kennenlernt, die, wie er es bezeichnet, aus „*einem anderen Milieu
kommt*" (Z. 255) und Lehramt studiert, verdichtet sich wieder die denk-
bare Möglichkeit, auch außerhalb der kennengelernten Technik tätig zu
werden. Die berufliche Möglichkeit, einen Wechsel zu vollziehen – weg
von der Technik, hin zu mehr Arbeit mit den Menschen – ergab sich, als
Eric als Betriebsrat nachrücken konnte. Zur damaligen Zeit war Eric wie
erwähnt unzufrieden mit seiner Arbeit. Dem beruflichen Wechsel vorausgegangen waren weitere Begegnungen mit Menschen, die Eric geprägt
haben, „*wegweisend*" (Z. 247) für ihn waren. So erinnert er sich noch an

seinen ersten Arbeitstag nach seinem Studium in der Autofabrik CAR. Ein längeres Gespräch mit einem Betriebsratsreferenten führte letzten Endes dazu, dass Eric in die Gewerkschaft eintrat. Hier traf er später auf einen Referenten, der gleichfalls für ihn *„richtungsweisend"* (Z. 259) war. Er war es auch, der Eric dazu ermutigte, lokalpolitisches Engagement zu übernehmen. Jahre später brachte jedoch der Eindruck von *„Verfilzung"* (Z. 220) Eric dazu, sein mehrere Jahre andauerndes Engagement in der Lokalpolitik wieder aufzugeben.

Die stärkste Prägung schreibt Eric dem Elternhaus zu. Bei ihm sei es sein Vater und die Diskussionen mit ihm gewesen, die ihn prägten und *„… die politische Schiene ins Rollen brachte"* (Z. 287-288). Mit den Gesprächen verbindet Eric auch die Vermittlung einer grundlegenden Einstellung: *„Ich hab viel damals, daran kann ich mich noch erinnern, in Jugendzeiten mit ihm diskutiert über Themen. Da ist sicherlich etwas auf den Weg gebracht worden, auch damals durch meinen Vater. Das ist einfach hängen geblieben – sich für andere einzusetzen"* (Z. 265-267). Neben prägenden, wegweisenden Personen sind für Eric Organisationen und Bildungsangebote wichtig, da sie von außen *„immer wieder neue Impulse geben können"* (Z. 308).

Hauptthema

In den biographischen Ausführungen thematisiert Eric weniger die Genese seiner eigenen politischen Einstellungen und Positionen. Vielmehr verdeutlichen sie die Rahmenbedingungen und Kontexte, unter denen sich frühe Prägung, beruflicher Werdegang und politisches Interesse miteinander verbunden haben. Auffällig im Text ist dabei die mehrmals vorkommende Metapher des „Weges", bei der prägende Personen die Rolle von Richtungsweiser und Wegbegleiter einnehmen.

Die Wirkungen des Akademiekurses im Lichte der Rekonstruktion

Die Wirkungen des Akademiekurses beschreibt Eric als horizonterweiternd (Z. 21) und Hilfe sich selbstständig mit Themen und Inhalten auseinanderzusetzen und sie für sich und auch andere aufzubereiten. Die kennengelernten Themen beurteilt Eric für geeignet, *„mal über den normalen technischen Tellerrand hinaus zu sehen und auch tiefer in die IG-Metall rein.. tiefer in die IG-Metall rein zu riechen"* (Z. 48-49). Hierzu gehört auch der Austausch, die Gespräche und Unternehmungen mit den anderen Teilnehmenden während des Akademiekurses. Die exemplarischen Beispiele verdeutlichen, dass die Wirkungsbeschreibungen eng an den damaligen beruflichen Wechsel, hin zur Tätigkeit als Betriebsrat, geknüpft sind: *„Zu der Zeit wusste ich schon grob, dass ich in das Betriebsratsgremium nachrücke, und war für mich deshalb von Vorteil, weil ich da, ich sag mal, ein paar Dinge ausprobieren konnte, aber auch um Netzwerke zu knüpfen"* (Z. 30-32). In seinen Wirkungsbeschreibungen zeigt sich, dass der Akademiekurs für Eric die Rolle einer Bestätigung und Unterstützung seiner beruflichen Veränderung darstellt. Deutlich wird dies auch an der Weiterempfehlung des Akademiekurses: *„...als Grundresümee für mich war wichtig, dass man im Nachhinein wirklich so ein Netzwerk bilden und viele Themen noch mal neu aufgreifen kann. Auch mal ganz außerhalb der normalen Arbeitszeit. Das war für mich extrem wichtig und würde es auch heute noch als extrem wichtig ansehen. Und ich würde auch jedem empfehlen, der eine bestimmte Entwicklung in der IG-Metall machen will, so etwas auch durchzuführen..."* (Z. 40-44).

Zusammenfassend zeigt sich, dass der Akademiekurs zur Bestätigung der vorgenommenen beruflichen Veränderung beigetragen hat. Wie dargestellt, waren der beruflichen Veränderung selbst zuvor vielfältige Anregungen vorausgegangen. Neben der Bildung von Netzwerken war es das methodische Arbeiten, das Lernen lernen (Z. 232), das Eric Jahre später noch als prägend bezeichnet.

8.2.3 Resümee der beispielhaften Rekonstruktionen

In den Rekonstruktionen von Ralf und Eric wird deutlich, dass beide Teilnehmer, wie alle anderen befragten Teilnehmenden des Akademiekurses auch, ein politisches Interesse in den Akademiekurs schon mit einbrachten. Neben den Erfahrungen aus der Arbeitswelt werden auch von den anderen Befragten der Einfluss der unmittelbaren Lebensumwelt, wie Familie, Freunde und Bekannte, sowie die prägende Begegnung mit einzelnen Personen als Beginn eines politischen Interesses genannt. Die alleinige Nennung der Beeinflussungsaspekte, wie sie beispielsweise in einer inhaltsanalytischen Auswertung auftauchen würde, sagt wenig aus und erlaubt keine Einblicke in die Genese und Verschränkungen der jeweiligen Beeinflussungsaspekte. Die beiden rekonstruierten Darstellungen anhand der Kategorie „Biografie: Zugang bzw. Ausprägung politisches Interesse" ermöglichen trotz ihres Ausschnittcharakters einen Einblick, wie Beeinflussungsaspekte, Lebensumstände, Zeiten und Bildungsangebote miteinander verknüpft sind, damit sich aus einem anfänglichen Impuls bzw. einer ersten Anregung ein bleibendes und weiter expandierendes Interesse entwickelt. An dieser Stelle bieten sich auch interessante Anknüpfungspunkte an eine Interessenstheorie an, auf die in Kapitel 9.1 noch etwas weiter eingegangen werden soll.

Erst die Kombination von Wirkungserhebungen und Beleuchtung der individuellen Hintergründe ermöglicht es unserer Meinung nach, mehr über förderliche oder hinderliche Bedingungen einer Wirkungsentfaltung zu erfahren. Ein lediglicher Messen und Zählen, auch wenn daraus generierte Ergebnisse durchaus eingängiger in Graphiken und Übersichten darstellbar und damit auch vermittelbarer sind, sagt wenig über die Bedingungen einer Wirkungsentfaltung aus. Schnell werden Wirkungen allein auf individueller Ebene erhoben, ohne dabei jedoch auch die gesellschaftlichen Bedingungen individueller Bildung und Interessensausprägung zu berücksichtigen.

9. Reflexion: Erhebungsdesign und Ergebnisse

Ziel der vorliegenden Machbarkeitsstudie war es, ein Erhebungs- und Auswertungsdesign zu entwickeln und zu erproben, mit dem Wirkungen oder besser gesagt individuelle Wirkungszuschreibungen politischer Erwachsenenbildung erhoben werden können.

Für diesen Zweck wurden mehrere Erhebungs- und Auswertungsmethoden miteinander kombiniert. Um mehr über die Ziele und Vorgehensweisen innerhalb des Akademiekurses zu erfahren, wurden neben einer Analyse vorliegender Beschreibungen des Bildungsangebots Akademiekurs drei Interviews mit Lehrenden sowie eine teilnehmende Beobachtung an zwei Tagen im Akademiekurs durchgeführt. Das Vorgehen hat sich in der Weise bewährt, dass durch die Interviews mit den Lehrenden differenzierte Informationen über die sonst lediglich schriftlich formulierten Ziele des Akademiekurses gewonnen werden konnten. Neben einer umfänglicheren Vorstellung davon, was mit dem Akademiekurs erreicht werden soll, erlaubten die Interviews auch einen Blick auf die zugrunde liegenden Menschenbilder und Annahmen über die Teilnehmenden, die sich durch eine alleinige Analyse der Bildungsangebotsbeschreibung des Akademiekurses nicht erschlossen hätte. In Verbindung mit der durchgeführten Beobachtung konnten in einem weiteren Schritt auch die im Interview formulierten Absichten und Annahmen eines Lehrenden exemplarisch in der Seminarpraxis beobachtet werden. Dadurch bot sich die Möglichkeit, Praxis und Gesprächsinhalte miteinander in Verbindung zu setzen.

In Verbindung mit den Ergebnissen der ausgewerteten Interviews mit den Teilnehmenden konnte durch die Kombination auch nachgezeichnet werden, in welchem Maße und in welcher Ausformung intendierte Absichten der Lehrenden sich in den individuellen Wirkungszuschreibungen der Teilnehmenden wiederfinden lassen. So berichten viele Teilnehmende unter anderem davon, wie durch den Akademiekurs ihre eigene politische Position und Haltung gestärkt wurde, sie neue Sichtweisen kennengelernt und neues Selbstvertrauen, Kritikfähigkeit und Neugierde gewonnen haben. Die Wirkungszuschreibungen der Teilnehmenden decken sich damit mit Zielbeschreibungen, wie sie von den Dozierenden in den Interviews geäußert wurden (vgl. Kap.8.1.3).

Weitere hilfreiche Informationen lieferte auch der vorgenommene Aussagenvergleich von Teilnehmenden des aktuellen Akademiekurses mit Teilnehmenden vergangener Jahre. So konnten zugeschriebene Wirkungen auch in ihrem zeitlichen Verlauf, in ihrem Sedimentierungsprozess, nachgezeichnet werden.

Die vorgenommene Triangulation der unterschiedlichen Informationsquellen halten wir aufgrund der gemachten Erfahrungen in der vorliegenden Machbarkeitsstudie für überaus hilfreich. Neben der in dieser Studie erprobten Quellenkombination ist in einer umfassenderen, möglicherweise repräsentativen Erhebung darauf zu achten, dass bei der Auswahl der Lehrenden ein Querschnitt unterschiedlicher Lehrendenansichten gewährleistet ist. Im vorliegenden Fall wurden drei von fünf Lehrenden befragt, wobei auf unterschiedliche Erfahrungszeiträume geachtet wurde. Je nach zur Verfügung stehenden Arbeitskapazitäten wären sicherlich auch mehrere teilnehmende Beobachtungen bei unterschiedlichen Lehrenden aufschlussreich.

Die Möglichkeit, unterschiedliche Informationen zu erhalten und anschließend die gewonnenen Erkenntnisse miteinander in Beziehung zu setzen, wurde auch bei der Auswahl der Auswertungsmethoden berücksichtigt. Neben einer vollständigen inhaltsanalytischen Auswertung aller geführten Interviews (Lehrende und Teilnehmende) wurde in dieser Machbarkeitsstudie der Versuch unternommen, anhand einer Kategorie, in der sich Aussagen der Teilnehmenden zur eigenen Bildungsbiografie und zur Ausprägung eines politischen Interesse finden, Einblicke in die Interessensgenese zu ermöglichen. Anhand von zwei Interviews sollten Beeinflussungsaspekte der Genese, die auch in anderen Interviews immer wieder genannt wurden, stellvertretend dargestellt werden. Die Auswahl der stellvertretenden Interviews wurde anhand einer zuvor erstellten Themenmatrix, angefertigten Interviewgesprächsübersichten und einer Rangliste aus der durchgeführten Inhaltsanalyse vorgenommen. Maßgebendes Kriterium für die Auswahl der beiden Interviews war, dass sie deutlich in den Interviews genannte Beeinflussungsaspekte darstellen. Die Auswahl der Interviews kann als neuralgischer Punkt der Machbarkeitsstudie bezeichnet werden. Sicherlich wäre es aufschlussreich gewesen, weitere Interviews in eine rekonstruktive Auswertung mit einzubeziehen. Um eine Typenbildung zu ermöglichen, wäre gar eine rekonstruktive Auswertung aller Interviews mit den Teilnehmenden durchzuführen. In der Auswertung biographisch-narrativer Interviews ist dies die Regel. Auch die schon genannte, neu vorliegende Studie von Balzter/Ristau/Schröder (2014) geht diesen Weg. Ziel dieser Machbarkeitsstudie aber war es, eine Vorgehensweise zu entwickeln und zu erproben, die auch unter begrenzten zeitlichen und finanziellen Mitteln Möglichkeiten bietet, größere Datenmengen auszuwerten, ohne auf Einblicke in individuelle Wirk- und Entfaltungsmechanismen zu verzichten.

Die Entscheidung, biographisch-narrativ-fokussierte Interviews durchzuführen, ermöglichte erst, dass über eine inhaltsanalytische Auswertung hinaus auch genügend biographische Interviewinhalte vorlagen, um diese rekonstruktiv auszuwerten. Einige Interviewte waren anfänglich durch die offen gehaltene, erzählungsauffordernde Gesprächseinleitung irritiert. Sie hatten konkrete, mehr geschlossene Fragen über den Akademiekurs erwartet. Durch das Stellen konkreter Fragen konnte teilweise ein Gesprächsfluss initiiert werden, wobei Aspekte angesprochen wurden, die im weiteren Verlauf des Interviews zur Erzählaufforderung biographischer Erfahrungen genutzt werden konnte. Es erwies sich als hilfreich, zu Beginn des Interviews darauf hinzuweisen, dass zwei Fragen zugrunde liegen: die Erinnerungen an den Akademiekurs, auch die individuellen Einschätzungen, und zum Zweiten ein Abriss der eigenen Bildungsbiografie und welche Rolle darin die Ausprägung eines politischen Interesses spielte. In der Durchführung zeigte sich, dass durch die Erzählaufforderung viele Detailfragen schon mit beantwortet wurden. Blieben Fragen offen, wurde am Ende des Interviews nach noch offenen Aspekten gefragt. Bei der Interviewgestaltung ist darauf zu achten, dass genügend Zeit für die Durchführung vorhanden ist. Die vorliegenden Erfahrungen zeigten, dass sich ein Zeitrahmen von eineinhalb bis zwei Stunden als hilfreich erwies.

In der Auswertung der Interviews zeigt sich, dass viele Teilnehmende des Akademiekurses schon vor der Teilnahme politisch interessiert und teilweise aktiv waren. Die Wirkung des Akademiekurses wird in diesem Zusammenhang von einigen Teilnehmenden als „Katalysator" beschrieben, als Bestätigung und Bekräftigung des eigenen politischen Engagements. Verstärkend wirken nach Aussagen der Teilnehmenden auch die kennengelernten Methoden der Informationsbeschaffung, -aufbereitung und das Anfertigen von eigenen Texten. Sie fördern ein Bewusstsein, lernen zu können, sich Neues aneignen und mit den eigenen Erfahrungen und Erkenntnissen in Beziehung setzen zu können. Entsprechend verdichten sich auch die Inhalte des Akademiekurses in der biographischen Rückschau als Fundament, das Orientierung ermöglichte und Zusammenhänge verdeutlichte. Neben diesen methodischen und didaktischen Aspekten ist es die Zeit von sechs Wochen, die die Teilnehmenden als Besonderheit wahrnehmen. Als Auszeit aus dem Arbeitsalltag, als Ruhe- und Denkressource hilft die Zeit nach Aussagen der Teilnehmenden, eigene Ziele zu klären, Positionen zu festigen und im Diskurs mit den anderen Seminarteilnehmenden zu erproben. Vielfältige Gesprächsgelegenheiten, angeregt durch Unterrichtsinhalte, durch Gruppenarbeiten und Erfahrungsaustausch außerhalb der Unterrichtszeiten, boten neben dem Kennenlernen verschiedenster Perspektiven und Meinungen auch die Chance, über Jahre hinweg bestehende Netzwerke aufzubauen.

10. Schlussbetrachtung

Im Mittelpunkt der vorliegenden Machbarkeitsstudie stand das Ziel, ein Erhebungs- und Auswertungsverfahren zu entwickeln und zu erproben, um mehr über Wirkungen politischer Erwachsenenbildungsangebote zu erfahren. Wirkungen wurden dabei nicht als „machbares Produkt" rationaler Zweck-Mittel-Abwägungen und Umsetzungen verstanden. Neben den Intentionen der Lehrenden sind es insbesondere die gemachten Erfahrungen der Lernenden, ihre biographische Verdichtung und Sedimentierung, die als Lernhintergrund maßgeblich die Entfaltung intendierter Wirkungen beeinflussen. Entsprechend standen in der vorliegenden Machbarkeitsstudie die individuellen Wirkungszuschreibungen der Teilnehmenden und ihre Einbettung in den jeweiligen biographischen Kontext im Vordergrund der Konzeptionierung eines Erhebungs- und Auswertungsverfahrens. Durch den Einsatz narrativer und fokussierter Leitfragen, einer Unterrichtsbeobachtung sowie einer Kombination von inhaltsanalytischen und rekonstruktiven Auswertungsverfahren gelang es, neben einer Breite an Wirkungszuschreibungen auch Einblick zu erlangen, auf welchen biographischen Hintergründen sich Wirkungen entfalten und Interessen entwickeln.

In den Wirkungszuschreibungen wurde deutlich, dass es weniger konkret zu benennende Wissensaspekte als vielmehr ein Gesamtkontext, das Zusammenspiel verschiedener Wissensaspekte und -bereiche sind, die Teilnehmende des Akademiekurses als Wirkungen beschreiben. Dies erscheint interessant, da selbst bei den befragten Teilnehmenden des aktuellen Akademiekurses 2014 sich diese Verdichtung und Abstraktion einzelner Wissensaspekte bereits wiederfindet. Damit verbunden stellt sich die Frage, welche Funktion und didaktisch-methodische Ausgestaltung die Vermittlung von Wissen im Bereich der politischen Erwachsenenbildung einnimmt. Oskar Negt weist darauf hin, dass eine reine Faktenvermittlung im Bereich der politischen Bildung nicht ausreicht: *„Es gibt bei Edmund Husserl einen Satz in seiner Schrift „Krises der europäischen Wissenschaften", der sagt, wenn man Menschen nur mit Tatsachen belehrt, dann bekommt man einen Tatsachenmenschen. Die Haltung des Tatsachenmenschen be-*

steht darin, dass eigentlich die Alternativlosigkeit der Entwicklung für ihn Glaubenssatz ist. Es wird auf Tatsachen verwiesen und gesagt, es ist anders auch gar nicht möglich, was sich entwickelt (…). Wir müssen darüber nachdenken, ob der Realitätssinn nicht viel stärker ersetzt werden müsste durch einen Möglichkeitssinn" (Negt 2014, S. 134). Ein Überblick, eine Orientierung hilft, Bestehendes verorten und Neues denken zu können; die Teilnehmenden weisen immer wieder darauf hin, eine Orientierung, Zusammenhangswissen erhalten zu haben.

Einer Vielzahl unterschiedlicher Lernerfahrungen und -ansprüchen aus methodischer und didaktischer Sicht gerecht zu werden, individuell gesellschaftliches Orientierungswissen zu ermöglichen, verweist auf Überlegungen, wie sie im konstruktivistischen Paradigma zu finden sind. Für die gewerkschaftliche Bildungsarbeit haben beispielsweise Rrecaj und Dera (2010, S. 48ff.) einige Bezüge ausformuliert. Horst Siebert verweist in seinem neuen Buch „Erwachsene – lernfähig aber unbelehrbar?" (Siebert 2015) erneut auf konstruktivistische Überlegungen und verknüpft darin die neurowissenschaftliche Sicht auf Lernprozesse mit dem humanen Bildungsbegriff sowie den Ansprüchen der politischen Bildung.

Das konstruktivistische Grundprinzip der vielfältigen Wirklichkeiten wird in der politischen Bildung als Diskussion über Wirklichkeitskonstruktionen und vernünftige Wahrheiten wieder aufgegriffen (vgl. Siebert 2015, S. 103). Mit Hilfe von Referenzen zu Oskar Negt, Klaus-Peter Hufer und Dirk Lange werden die Eckpfeiler einer gelungenen politischen Bildung im Sinne eines systemisch-konstruktivistischen Bildungsprozesses durch Subjektorientierung, Alltagsorientierung, emanzipatorische, pluralistische und demokratische Aspekte herausgearbeitet (vgl. ebd., S. 128ff.).

Die Dozierenden bestätigen, dass sie großen Wert auf die Eigenleistung der Lernenden legen und sich selber nur als Anleiter, als Ausgangspunkt für Lernprozesse sehen. Die Erfahrungen der TeilnehmerInnen stellen sie in den Fokus, sehen sie als Experten ihrer Alltagswelt (Hans, Z. 534-544) und lassen sie daraus systematisch Themen entwickeln (Klara, Z. 179-183). Dieses Vorgehen entspricht dem, was sich auch H. Siebert für die didaktische Gestaltung wünscht. Zudem werden das von Oskar Negt geforderte Verständnis und die Einsicht in Zusammenhänge im Seminar den Lernenden nähergebracht, ebenso wie die Alltagsorientierung durch eine Anbindung an die Praxis und praktische Beispiele erfolgt. Die Themen des Akademiekurses weisen die für den Konstruktivismus wichtige Viabilität auf, indem sie für den Lernenden einen praktischen Bezug aufweisen und den Erwerb von praxisrelevanten Kompetenzen ermöglichen (vgl. ebd., S. 24, 97). Dies bezeichnen die Dozierenden etwa als Dreischritt Praxis-Theorie-Praxis oder als Vorbereitung auf die Praxis.

Die TeilnehmerInnen bestätigen in ihren Interviews, dass insbesondere das selbstorganisierte Lernen und die Eigenarbeit langfristig zu veränderten Ansichten und neuen Handlungsmöglichkeiten geführt haben. Sie beschreiben die Wirkung des Kurses als Auslöser, als Anstoß für eine Entwicklung. Im konstruktivistischen Sinne hat das Seminar als Impuls von außen, etwa durch neue, interessante und anschlussfähige Informationen, Lernprozesse angeregt.

Aus einer systemisch-konstruktivistischen Perspektive ist Wirkungsforschung in vielen Fällen nicht aussagekräftig, sofern nicht die Perspektive der Lernenden einbezogen wird (vgl. ebd., S. 149). Die in dieser Machbarkeitsstudie erprobte Methode verfügt über das Potenzial, eben diese Sichtweise in die Wirkungsforschung einzubeziehen. Neben den Ergebnissen der Wirkung einzelner Aspekte von Lehr-Lern-Kulturen schafft die rekonstruktive Analyse Einsicht in die Wirkungsentfaltung vor dem Hintergrund biografischer Entwicklung, sie beleuchtet den Entfaltungsraum und die Anschlussstellen der TeilnehmerInnen. Damit werden der Lehr-Lernprozess im Akademiekurs mitsamt der interdependenten Wechselwirkungen sowie die individuellen Bedeutungzuschreibungen, Anschlussstellen und angeregten Veränderungen sichtbar.

Neben grundlegenden, konstruktivistischen Annahmen über pädagogische Interaktionsprozesse und ihre Ausgestaltung finden sich, bezogen auf die Frage, wie Interesse entsteht – im vorliegenden Fall politisches Interesse – und gefördert werden kann, vielversprechende Anschlüsse in der Interessentheorie, wie Anke Grotlüschen sie jüngst darstellte (Grotlüschen 2010). Grundannahme dabei ist: *„Interessen >sind< nicht, sondern sie >werden<. Interesse besteht nicht vor der Begegnung mit dem zu wählenden Gegenstand, sondern es entwickelt sich am Gegenstand – und zwar nur entlang* *eben jener Gegenstände, mit denen das handelnde Subjekt in Berührung gelangt"* (Grotlüschen 2010, S. 37). Entscheidend ist also eine Berührung mit dem Gegenstand, was die Möglichkeit einer Begegnung in der jeweiligen Lebenswelt mit dem Gegenstand voraussetzt. Damit wird auch auf die gesellschaftliche, sozio-ökonomische Lage eines Lernenden, seine Mobilitätsgrenzen innerhalb einer gesellschaftlichen Position verwiesen (ebd. S. 289). In den Interviews lassen sich diese theoretischen Annahmen in vielfältiger Weise wiederfinden. Die Teilnehmenden erzählen davon, wie sie auf Personen, Lebens- und Arbeitsbedingungen gestoßen sind, die ihre Ausformung politischen Interesses stark beeinflusst haben. Zugleich verdeutlichen die beiden rekonstruktiven Falldarstellungen, dass das alleinige Anregen, die Begegnung mit dem Interessensgegenstand alleine nicht ausreicht, um langfristiges Interesse und Handlungsmöglichkeiten auszuformen. Wichtig ist auch, und das findet sich auch in den Annahmen von Grotlüschen wieder, dass in einer „Latenzphase" stabilisierende und wiederkehrende Begegnungen und Erfahrungen mit dem Interessensgegenstand möglich sind. Im Weiteren kann die Auseinandersetzung mit einem Interessensgegenstand über eine „Expansion" hin zur vielschichtigen „Kompetenzausformung" führen (ebd. S. 182ff.). In diese beiden Phasen, der Expansion und Kompetenzausformung, ist nach Aussagen der Teilnehmenden auch der Akademiekurs einzuordnen. Denkbar und wünschenswert wäre sicherlich auch, dass politisches Interesse durch den Akademiekurs oder durch andere Bildungsangebote geweckt wird. Die Ergebnisse der Machbarkeitsstudie zeigen aber auch, dass das politische Interesse früh schon im Elternhaus oder in der Arbeitswelt angeregt wird oder eben nicht. Entsprechend wichtig ist es, politische Bildung und das Wecken von politischem Interesse aufgrund der notwendigen Begegnung auch als gesamtgesellschaftliche Bemühung zu verstehen.

Wer Interesse fördern möchte, muss auch über sozioökonomische Grenzen hinweg für die Möglichkeiten der Begegnung sorgen, um nicht separierenden Interessen Vorschub zu leisten, denn: *„Zugehörigkeitswünsche und Abgrenzungsreflexe spielen bei der Wahl der Interessen eine große Rolle"* (Grotlüschen 2010, S. 288).

Standen in dieser Untersuchung die Erhebungs- und Auswertungsmethoden im Vordergrund, so könnte in einer umfassenderen, angebotsübergreifenden Erhebung neben der Methodenvalidierung auch differenzierter nach der erwähnten Anregung und Ausformung politischen Interesses mit den genannten Bezügen zur Interessenstheorie geforscht werden. Wie die Studie zur Gestaltung von Bildungsurlaub und die Nutzung von Bildungsurlaubsveranstaltungen durch die TeilnehmerInnen zeigt (Robak/ Rippien i. E.), gehen Interessen enge Verbindungen mit Verwertungen ein (Robak i. E.) und führen erst in dieser Verbindung zu Teilnahmeentscheidungen, sodass auch für die Partizipation an politischer Bildung von sich neu konfigurierenden Lern-Verwertungsinteressen auszugehen ist. Derartige Untersuchungen würden helfen, mehr über förderliche und hinderliche Rahmenbedingungen politischer Erwachsenenbildung zu erfahren.

Literatur

Ahlheim, K./ Heger, B. (2006): Wirklichkeit und Wirkung politischer Erwachsenenbildung. Schwalbach TS.: Wochenschau Verlag

Ahlheim, K. (2005): Evaluation und Wirkungsforschung in der politischen Erwachsenenbildung. In: Gesellschaft für Politikdidaktik und politische Jugend- und Erwachsenenbildung (Hrsg.): Testaufgaben und Evaluationen in der politischen Bildung. Schwalbach TS: Wochenschau Verlag

Allespacher, M./ Mayer, H./ Wentzel, L. (2009): Politische Erwachsenenbildung. Ein subjektwissenschaftlicher Zugang am Beispiel der Gewerkschaften. Marburg: Schüren Verlag

Atteslander, P. (1992): Methoden der empirischen Sozialforschung. Berlin: de Gruyter&Co.

Baltzer, N./ Ristau, Y./ Schröder, A. (2014): Wie politische Bildung wirkt. Schwalbach TS.: Wochenschau Verlag

Balzter, N./ Schröder, A. (2013): „Wie politische Bildung wirkt" Biographische Nachhaltigkeit politischer Jugendbildung. Dokumentationsskript Fachtagung vom 6.-7. Juni 2013 in Berlin

Becker, H. (2011): Praxisforschung nutzen, politische Bildung weiterentwickeln, Teil I: Auswertungsbericht und Empfehlungen. URL: http://p147937.webspaceconfig.de/homepage/wp-content/uploads/2011/10/Praxisforschung-Abschlussbericht.pdf (Zugriffsdatum: 20.10.2014)

Bernart, Y./ Krapp, S. (2005): Das narrative Interview. Ein Leitfaden zur rekonstruktiven Auswertung. Landau: Verlag Empirische Pädagogik, 3. Überarbeitete Auflage

Biesta, G. (2011): Warum „What works" nicht funktioniert: Evidenzbasierte pädagogische Praxis und das Demokratiedefizit der Bildungsforschung. In: Bellmann, J.; Müller, T. (Hrsg.) (2011): Wissen was wirkt. Kritik evidenzbasierter Pädagogik. Wiesbaden: VS Verlag, S. 95-122

Born, A. (1991): Geschichte der Erwachsenenbildungsforschung. Bad Heilbrunn: Klinkhardt Verlag

Brinker, K./ Cölfen, H./ Pappert, S. (2014): Linguistische Textanalyse. Eine Einführung in Grundbegriffe und Methoden. Berlin: Erich Schmidt Verlag, 8. neu bearbeitete und erweiterte Auflage

Combe, A./Gebhard, U. (2007): Sinn und Erfahrung. Opladen & Farmington Hills: Barbara Budrich Verlag

Dresing, T., Pehl, T. (2013): Praxisbuch Interview, Transkription & Analyse. Anleitungen und Regelsysteme für qualitativ Forschende. 5. Auflage. Marburg,

2013. Download unter: www.audiotranskription.de/praxisbuch (Zugriffsdatum: 22.05.2014)

Eberwein, W./ Quante-Brandt, E. (1998): Langfristige politische Weiterbildung im Akademie-Kurs – Lernen für den Alltag, den Betrieb und die gesellschaftliche Praxis. Eine sozial- und erziehungswissenschaftliche Untersuchung des Zwei-Jahres-Kurses „Sozialwissenschaftliche Grundbildung" der Akademie für Arbeit und Politik. Bremen 1998

Flick, U. (1998): Qualitative Sozialforschung. Theorien, Methoden, Anwendung in Psychologie und Sozialwissenschaften. Hamburg: Rowolth Taschenbuch Verlag

Grotlüschen, A. (2010): Erneuerung der Interessetheorie. Die Genese von Interesse an Erwachsenen- und Weiterbildung. Wiesbaden: VS Verlag

Helferich, C. (2009): Die Qualität qualitativer Daten. Wiesbaden: VS Verlag

Hirseland, A./ Wenzel, F. M. (2004): Evaluation in der politischen Bildung. In: Breit, G:Schiel, S. (Hrsg.): Demokratie braucht politische Bildung, Bonn, S. 363 – 376

Kaiser, A. (1992): Narrativ-fokussiertes Interview in der Bildungsforschung. Merkmale, Anwendung, Auswertung. In: Grundlagen der Weiterbildung, Zeitschrift, Jg. 3, H. 6, S. 361-364

Kruse, J. (2014): Qualitative Interviewforschung. Weinheim, Basel: Beltz Verlag

Lamnek, S. (1995): Qualitative Sozialforschung. Bd. 2 Methoden und Techniken, Weinheim: Beltz, 3. korrigierte Aufl.

Lucius-Hoene, G./ Deppermann, A. (2004): Rekonstruktion narrativer Identität. Ein Arbeitsbuch zur Analyse narrativer Interviews. Wiesbaden: VS Verlag, 2. Auflage

Mayring, P. (2010): Qualitative Inhaltsanalyse. Grundlagen und Techniken. 11., aktualisierte und überarbeitete Auflage. Weinheim: Beltz

Mayring, P. (2000): Qualitative Inhaltsanalyse. Forum Qualitative Social Research Volume 1, No. 2, Art. 20 – Juni 2000

Mayring, P. (1996): Einführung in die qualitative Sozialforschung, 3. überarbeitete Auflage. Weinheim: Beltz

Merton, R. K./ Kendall, P.L. (1979): Das fokussierte Interview. In: Hopf, C./ Weingarten, E. (Hrsg.): Qualitative Sozialforschung. Stuttgart: Ernst Klett Verlagsgemeinschaft, S. 171-204

Meuser, U./ Nagel, U. (2009): Das Experteninterview – konzeptionelle Grundlagen und methodische Anlage. In: Pickel, S.; Pickel, G.: Lauth, H.J.;/Jahn, D.(Hrsg.) (2009): Methoden der Vergleichenden Politik- und Sozialwissenschaft. Neuere Entwicklungen und Anwendungen Wiesbaden: VS-Verlag. S. 465-479

Meuser, U./ Nagel, U. (2002): ExpertInneninterviews – vielfach erprobt, wenig bedacht. In: Bogner, A./ Littig, B. & Menz, W. (Hrsg.): Das Experteninterview. Theorie, Methode, Anwendung. Wiesbaden: VS Verlag S. 71-93

Negt, O. (2014): Utopie und Lernen. In: Hustedter Beiträge zur politischen Bildung (Hrsg.): 50 Jahre „Soziologische Phantasie und Exemplarisches Lernen". Norderstedt: Books on Demand, S. 133-145

Negt, O. (2010): Der Politische Mensch. Göttingen: Steidl Verlag

Negt, O. (1989): Die Herausforderungen der Gewerkschaften. Frankfurt a.M., Berlin u.a.: Campus Verlag

Negt, O. (1975): Soziologische Phantasie und exemplarisches Lernen. Frankfurt a.M., Köln: Europäische Verlagsanstalt, 5. Aufl.

Nohl, A. M. (2012): Interview und dokumentarische Methode. Anleitungen für die Forschungspraxis. Wiesbaden: VS Verlag

Przyborski, A./ Wohlrab-Sahr, M. (2014): Qualitative Sozialforschung. Ein Arbeitsbuch. München: Oldenbourg Verlag, 4. erweiterte Aufl.

Reheis, F. (2014): Politische Bildung. Eine kritische Einführung. Wiesbaden: Springer VS

Robak, S.: Qualitative Interviews mit Bildungsurlaubsteilnehmer/innen: Funktionen der Partizipation an Bildungsurlaub – Anschlusslernen und Lern-Verwertungsinteressen. In: Robak, S.; Rippien, H. (Hrsg.): Bildungsurlaub – Planung, Programm und Partizipation. Eine Studie in Perspektivverschränkung. Im Erscheinen

Robak, S./ Rippien, H. (Hrsg.): Bildungsurlaub – Planung, Programm und Partizipation. Eine Studie in Perspektivverschränkung. Im Erscheinen.

Rosenthal, G. (2014): Interpretative Sozialforschung. Weinheim, Basel: Beltz Juventa, 4. Aufl.

Schlevogt, V. (2006): Evaluation der Bildungsurlaubsseminare des DGB-Bildungswerks Hessen e.V. Wirkungsanalyse zur Qualitätssicherung. Herausgegeben von: DGB-Bildungswerk Hessen e. V. April 2006

Schöne, H. (2013): Die teilnehmende Beobachtung als Datenerhebungsmethode in der Politikwissenschaft. Methodologische Reflexion und Werkstattbericht. FQS Volume 4, No. 2, 2013

Schüßler, I. (2012): Zur (Un-)Möglichkeit einer Wirkungsforschung in der Erwachsenenbildung. Kritische Analysen und empirische Befunde.

Online unter: http://www.die-bonn.de/doks/report/2012-lernforschung-02.pdf (Zugriffsdatum: 16.06.2014)

Schütze, F. (1984): Kognitive Figuren des autobiographischen Stegreiferzählens. In: Kohli, M./ Robert, G. (Hrsg.): Biographie und Soziale Wirklichkeit: neue Beiträge und Forschungsperspektiven. Stuttgart: Metzler, S. 78-117

Schütze, F. (1983): Biographieforschung und narratives Interview. In: Neue Praxis, 13, H. 3, S. 283-293

Siebert, H. (2015): Erwachsene – lernfähig aber unbelehrbar. Was der Konstruktivismus für die politische Bildung leistet. Schwalbach/Ts.: Wochenschau Verlag.

Sievers, I./ Robak, S. (2011): : Diversität, Anerkennung und Lernkulturen in der Arbeitswelt. In: Borchers, D.; Milsch, S. (Hrsg.) (2011): Interkulturalität in der Arbeitswelt. Hannover: Offizin, S. 54-69.

Uhl, K./ Ulrich, S./ Wenzel, F. (Hrsg.) (2004): Evaluation politischer Bildung. Ist Wirkung messbar? Gütersloh: Verlag Bertelsmann Stiftung

Wessler, M. (2011): Evaluation und Evaluationsforschung. In: Tippelt, R.; Hippel, A. (2011): Handbuch Erwachsenenbildung und Weiterbildung. Wiesbaden: Verlag für Sozialwissenschaften, S. 1031-1048

Wietzel, A. (1982): Verfahren der qualitativen Sozialforschung. Frankfurt a. M. & New York: Campus Verlag

Zeuner, C. (2010): Politische Erwachsenenbildung. Zielsetzungen, Aufgaben und Perspektiven. Hessische Blätter für Volksbildung 4/2010, S. 305-314

Die Autoren

Isabell Petter

Studium der Sozialwissenschaften (B.A.) und Bildungswissenschaften (M.A.) an der Leibniz Universität Hannover, wissenschaftliche Mitarbeiterin am Institut für Berufspädagogik und Erwachsenenbildung der Uni Hannover während der Machbarkeitsstudie.

Peter Straßer, Dr.

Pädagogischer Mitarbeiter im Bildungszentrum Heimvolkshochschule Hustedt e. V.

Anlagen

Anlage 1: Themenmatrix für die Hauptkategorie „Biografie: Ausprägung bzw. Zugang politisches Interesse"

Interview	Vorbilder/ Personen	Erfahrung im Arbeits- leben	Quaklifi- kation/ Werdegang	Familie/ Freunde/ Sozialisa- tion	sonstige
Ralf		(X)	(X)	X	
Tobias		X			
Andre	(X)	X			
Eric	X	(X)	(X)	X	
Rolf	X		(X)		
Klaus			(X)	X (Schul- erfahrung)	
Sebastian			X		X (Spaß, Jugend- bildung)
Gerold	(X)	X	X	(-X)	
Ines		X	X	X (Ehrenamt)	
Elke		X	(X)	X	
Viktor		X	(X)	X	
Svenja			X		
Tanja					
Philip				X (Bundeswehr)	
Summe	4	8	11	7/8	1

X = mehrmals im Gespräch angesprochen und ausformuliert;

(-x) = angesprochene negative Vorerfahrung,

(x) = angesprochen aber nicht weiter ausdifferenziert

Zur Themenmatrix

In einem ersten Überblick über die angesprochenen Themen innerhalb der Kodierung *„Biografie: Ausprägung bzw. Zugang des politischen Interesses"* wird sichtbar, dass Erfahrungen im Arbeitsleben – zum Beispiel als ungerecht und belastend wahrgenommene Arbeitssituationen – unmittelbar auf die Ausformung eines politischen Interesses nach Aussagen der Interviewten einwirken. Die häufige Erwähnung von Qualifikationen, die man im Rahmen gewerkschaftspolitischer Seminare erworben hatte, verweist auf einen Kontext, innerhalb dessen auch der Akademiekurs von vielen Teilnehmenden verortet wird.

Anlage 2: Leitfaden für die Teilnehmendeninterviews

Narrative & Bedeutung

Einstieg offen, narrativ – Hinweis, dass es um die individuelle Erfahrungsperspektive geht, nicht um amtliches, richtiges, offizielles usf. Einzelheiten, Besonderheiten, Details, Einschätzungen sind interessant.

Narrativer Teil: Einstiegsstimuli

„Nachdem Schul- und Ausbildungszeit länger zurückliegen, war es sicherlich ungewohnt, einen 6-Wochenkurs politische Grundbildung zu besuchen? Wie war der 6-Wochenkurs für dich? Erzähl mal, wie du dazu kamst, wie der Kurs ablief und wie du letztendlich den Kurs fandest?"

Nachfrageteil – Organisatorische Rahmung/ Seminareinschätzung

- *Zugang*: Wie kamst du in den Akademiekurs (AK)?
- Mit welcher *Erwartung* hast du am Kurs teilgenommen?
- Welche Rolle spielte die *Zeit*, die gemeinsamen 6 Wochen?
- Wie wichtig war die *Gruppe* für das eigene Lernen?
- Wie waren die *Lehrenden*, ihr Unterricht?
- Wie beurteilst du die eingesetzten *Methoden*, die Seminargestaltung?
- Was hat der AK bei dir bewirkt? Welche Wirkung entfaltete der 6-Wochenkurs bei dir?
- Hattest du den Eindruck, dass der AK Einblick in *Zusammenhänge* förderte?
- Gibt es *etwas*, was dich bis heute aus dem 6-Wochenkurs *prägt*?

Biografie/Prägung

- Welche Rolle spielte *Politik im Elternhaus*?
- Bist du ein *politisch interessierter Mensch*? (Wie bist du es geworden?)
- Was *bedeutete Bildung* früher und heute für dich?

Anlage 3: Leitfaden für die Dozierendeninterviews

Leitfaden Lehrende

Verständnis politischer Bildung und Zielsetzung

- Welches Verständnis von politischer Erwachsenenbildung liegt deiner Arbeit zu Grunde?
- Welche Aufgaben hat für dich die politische Erwachsenenbildung? Was soll sie bei den TN bewirken?
- Was möchtest du den TN vermitteln?
- (Ergänzung: Kannst du einmal skizzieren, für welchen Schwerpunkt oder Teilbereich des Akademiekurses du verantwortlich bist.)

Menschenbild/ Bedürfnisse der Teilnehmer

- Du erlebst die Teilnehmer über einen längeren Zeitraum während des AK. Wie schätzt du die Interessen und Bedürfnisse der Teilnehmer an politischer Bildung ein?
- Wie gehst du in der Seminargestaltung auf die genannten Bedürfnisse ein?
- (Wie beeinflusst dieses Vorgehen den Ablauf?)

Seminargestaltung

- Welche Methoden und didaktischen Prinzipien setzt du in deiner Seminargestaltung ein?

Wirkung

- Welche „Wirkung" entfaltet deiner Meinung nach dein Angebot?
- (Ergänzung: Kannst du Beispiele nennen?)
- Wovon hängt die Wirkung deiner Meinung nach ab?
- (ggf. Nachfrage: Welche Rolle spielen Zeit und Ort?)
- Gibt es besondere Methoden, die eine „Wirkungsentfaltung" begünstigen?